統計學概論

(第二版)

主　編　向蓉美、王青華、周勇

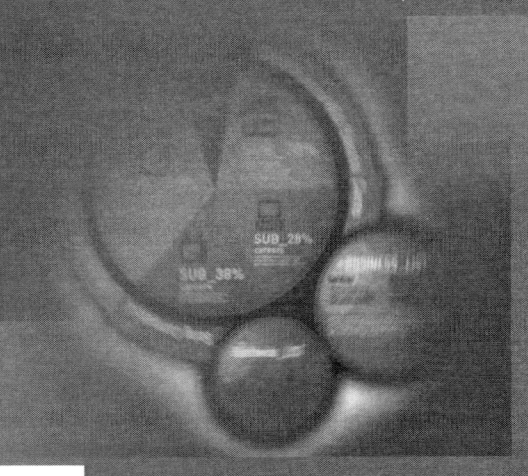

第二版前言

  當今的時代是大數據時代，處處都離不開數據的收集和處理，就像人人都必須具備讀寫能力一樣，人人都有必要具備基本的統計知識和技能。《統計學概論》作為經濟類和管理類專業的學生學習統計學基本理論和方法的一本入門教材，自第一版問世以來，得到廣泛的認可和使用，並榮獲全國高校現代化遠程教育協作組評比的網絡教育教材建設獎金獎。因此，本次修訂保持了第一版的框架結構。針對網絡教育、成人教育和廣大在職人員的學習需要，本教材力圖突出實用、簡明、易懂的特點，著重在以下兩方面作了修訂：強化了實踐中廣泛應用的理論和方法，如綜合評價部分，強化了數據的預處理；全面更新了教材例題和練習題的數據，有利於將教學與實際緊密聯繫起來。歡迎各位將有關建議和意見及時反饋給我們，我們將不斷改進！

作者

目 錄

第一章　總論 … (1)
- 第一節　什麼是統計 … (2)
- 第二節　統計中的基本術語 … (8)
- 第三節　用 Excel 進行統計分析 … (14)

第二章　統計數據的收集與整理 … (18)
- 第一節　統計數據的收集 … (18)
- 第二節　統計數據的整理 … (22)
- 第三節　統計圖與統計表 … (28)

第三章　統計指標 … (35)
- 第一節　總量指標和相對指標 … (36)
- 第二節　平均指標 … (43)
- 第三節　變異指標 … (51)
- 第四節　利用 Excel 計算數據分佈特徵指標 … (54)

第四章　抽樣估計 … (58)
- 第一節　抽樣估計的基本問題 … (58)
- 第二節　總體均值和成數的抽樣誤差與區間估計 … (64)
- 第三節　抽樣數目的確定 … (70)

第五章　相關與迴歸分析 … (75)
- 第一節　相關分析 … (75)
- 第二節　一元線性迴歸分析 … (83)

第六章　時間序列分析 … (94)
- 第一節　時間序列的水平分析 … (94)
- 第二節　時間序列的速度分析 … (98)
- 第三節　時間序列的長期趨勢測定 … (102)
- 第四節　時間序列的季節變動測定 … (108)

第七章　統計指數 ……………………………………………………… (117)
第一節　統計指數的概念、作用和分類 ………………………… (117)
第二節　總指數的計算 …………………………………………… (120)
第三節　指數體系與因素分析 …………………………………… (127)
第四節　幾種常用的價格指數 …………………………………… (135)

第八章　綜合評價 ……………………………………………………… (139)
第一節　綜合評價概述 …………………………………………… (139)
第二節　評價指標的選擇與數據處理 …………………………… (141)
第三節　綜合評價方法 …………………………………………… (147)

附錄 ……………………………………………………………………… (156)
附表1　標準正態分佈函數值表 ………………………………… (156)
附表2　t 分佈上側分位數表 …………………………………… (158)

第一章 總論

英國作家、歷史學家韋爾斯（H. G. Wells）曾經說：「統計思維總有一天會像讀與寫一樣，成為一個有效率公民的必備能力」「像今天有能力的公民能讀會寫一樣，將來會有一天要求有能力的公民必須會計算，而且能夠利用平均值、最大值和最小值。可以預期，這樣的時代已經不遠了。」[1]

無論我們是否學過統計學、懂得統計學，我們生活中的每一天都會遇到大量統計問題，新聞和大眾媒體每天都在表現統計數字。例如每年的政府工作報告總是要列舉大量的水平、比例、結構、速度等數據，說明國民經濟的發展狀況；統計部門每月、每年都要公布價格變動數據，說明與人民生活和社會生產息息相關的價格狀況等等。確實，好、比較好、很好、非常非常好、比以往任何時候都好等等這樣的比較級或最高級的詞語太蒼白、太空洞了，而2014年中國國內生產總值達到63.6萬億元，按可比價比1978年增長了27倍多，這樣的統計數據實實在在具體地反應了中國改革開放以來取得的巨大成就。我們生活在信息時代，數據無處不在、無時不有。哪裡有數據，哪裡就有統計。

宇宙間萬事萬物，林林總總，各種事物可依特定的性質予以歸類，形成各種群體——現象總體。無論是屬於自然的、實驗的、還是社會的、經濟的，凡是可以用數據表現的總體，都可以作為統計的研究對象。有人說統計學是21世紀最有前途的學科之一。統計方法和統計思想滲透到了社會、經濟、自然、科技、生活的每一個角落，統計學不僅在社會經濟領域得到發展，而且一些過去與數量毫無聯繫的學科，如政治學、法學、歷史學、藝術學、考古學等都在對應用統計方法技術進行研究和實踐，並由此產生許多新的學科，如人口統計學、歷史統計學、教育統計學、心理統計學、社會統計學，等等。從本質上講，信息經濟所依賴的不只是信息處理手段的先進性，更重要的是信息收集、整理的準確性，而準確的信息收集、整理離不開統計學學科的發展。

什麼是統計？統計能做什麼？如何進行統計？有些什麼樣的統計數據？在這一章中，我們將討論這樣一些統計學的基本問題。

---

[1] 轉引自［美］C. R. 勞. 統計與真理［M］. 北京：科學出版社，2004.

第一節　什麼是統計

一、統計的涵義和特點

（一）統計的涵義

「統計」作為社會經濟生活中經常使用的名詞，在英語中單數 statistic 譯為漢語是統計學，復數 statistics 譯為漢語是統計，是指描述事物屬性的實際數據即統計數據。一般認為「統計」具有三種含義：統計工作、統計資料和統計科學。

1. 統計工作

統計工作，即統計實踐活動，是人們為了說明所研究對象的某種數量特徵和數量規律性，而對該現象的數據進行收集、整理與分析的活動。例如，為了獲得糧食產量而進行的抽樣調查活動，為了獲得全國人口的數量和構成等而進行的人口普查活動等。

統計實踐活動有很久遠歷史，早在公元前 2000 多年，統治者為了徵兵、徵稅、管理奴隸的需要，就有了人口、土地、財產的統計活動。《通典》記載了我們歷史上最早的統計數據：「禹平水土，為九州」「九州之地凡 24,388,024 頃[①]，人口 13,553,923 人」。到中世紀，西歐各國都有了人口、軍隊、領地、財產等的統計活動。

2. 統計資料

統計資料，即統計數據，是通過統計工作所獲得的能夠說明現象總體某種特徵的數據，是統計實踐活動的成果。例如 2014 年中國國內生產總值 636,463 億元，按可比價計算比 2013 年增長 7.4% 等，就是廣大統計部門和統計工作者辛勤勞動得到的說明中國經濟發展水平的統計資料。

統計數據最集中、最系統地反應在各種統計年鑒中，如《中國統計年鑒》《國際統計年鑒》《中國經濟年鑒》《中國金融年鑒》《中國物價及城鎮居民家庭收支調查統計年鑒》等。《中國統計年鑒》涵蓋了國民經濟所有主要數據，包括國民經濟核算、各行業生產、就業、人民生活、對內對外貿易、社會活動、環境等方面的數據。隨著互聯網技術的發展和普及，在網站上查找數據有成為統計數據主要來源的趨勢。統計數據還可以從經濟分析專著、期刊裡獲得。比如《中國經濟數據分析》《經濟形勢分析與預測（經濟藍皮書）》，一些期刊裡刊登的最新月度數據等。

3. 統計學

統計學，即統計科學，是一門研究收集數據、表現數據、分析數據、解釋數據，從而認識現象數量規律、幫助人們更有效地進行決策的方法論科學。統計學源於統計實踐活動，是對統計實踐活動的理論概括和總結，又用於指導統計實踐活動。

收集數據需要對客觀現象作周密細緻的調查；表現數據需要對調查得到的數據加以整理，使之成為反應現象總體的條理化、系統化的數據；分析解釋數據需要用科學

[①] 1 頃≈66,666.67 平方米，下同。

的方法從數據中得出反應現象本質數量規律性的結果。所有這些就構成了統計學的研究內容。

統計學是一門為定量分析提供理論和方法的方法論學科，因而是一門應用性很強的學科，它與幾乎所有的學科領域都有著或多或少的聯繫，凡是有數據的地方，就有統計學的用武之地。統計學為其他學科提供研究數量規律性的方法，但是統計學絕不是萬能的，各個學科數量規律的解釋還需要由各學科的理論來完成。比如，大量觀察發現中國2013年人口的性別比，從0～4歲組的117.30，到70～74歲組的97.11，再到95歲以上組的34.05，隨著年齡的增大呈下降趨勢。形成這樣的比例和趨勢的原因，不是統計學能夠解釋的，要用遺傳學、醫學甚至社會學的理論來解釋。又如大量觀察表明，吸菸者患肺癌的比例大於不吸菸者患肺癌的比例，吸菸是否會導致患肺癌？為什麼會導致患肺癌？這是醫學研究的問題。

儘管統計學不能解決各學科的所有問題，但是，各門學科離不開統計學，統計學的理論和方法在各門學科的研究中會發揮越來越重要的作。

作為一門科學，統計學初創於17世紀中葉至18世紀初，當時主要的學派有政治算術學派、國勢學派和社會統計學派。

政治算術學派的創始人是英國人威廉·配第。配第首先提出了用數量科學地研究社會經濟現象的方法——政治算術。他的名著《政治算術》（1676）就是指數字和統計學方法，在序言中配第明確指出：「我進行這項工作所使用的方法，在目前還不是常見的。因為和只使用比較級或最高級的詞語以及單純作思維的論證相反，我卻採用了這樣的方法（作為我很久以來就想建立的政治算術的一個範例），即用數字、重量和尺度的詞彙來表達我自己想說的問題，只進行訴諸人們感官的論證和考察在性質上有可見的根據的原因。」他還說：「用數字、重量和尺度（它們構成我下面立論的基礎）來表示的展望和論旨，都是真實的，即使不真實，也不會有明顯的錯誤……『因為，能夠證明為確實的東西，也就是確實的』。」他在研究社會經濟現象的規律時，還應用推算法、分組法，編製了原始數據的圖表，計算了一系列的總量指標、相對指標和平均指標，是最早估算國民收入的人。但是配第始終沒有用「統計學」三個字，所以政治算術學派是有統計學之實，而無統計學之名。

國勢學派的創始人是德國人赫爾曼·康令。他開始定期地、系統地用對比的方法講授國家比較方面的知識，他不僅講述事實，而且試圖探討事實的因果關係。他把這個課程叫做歐洲最近國勢學，於是「國勢學」由此產生。1660年他首次在印刷品上使用Statistik，這個單詞的前半部state源於國家政策，是指政府部門記錄人口出生和死亡信息的工作。當時，康令的學說在學術界產生了很大的影響，德國大學中的許多教授都稱讚並追隨他的學說。其中戈特弗里德·阿亨瓦爾發揚了康令的學術思想，把這門課程定名為「統計學」，開始有了「統計學」這個名稱。但是國勢學派只是對各國情況作一般性的比較記述，如「某國人口眾多」「土地遼闊」之類，而沒有進行數量研究和描述。所以國勢學派是有統計學之名，而無統計學之實。

近代統計學產生於18世紀末至19世紀末，當時主要的學派是數理統計學派和社會統計學派。數理統計學派的代表人物是比利時著名的統計學家、數學家、物理學家、

天文學家和人類學家蘭貝特・阿道夫・雅克・凱特勒。他融會貫通各家各派的統計思想，博採眾長，把統德國的國勢學、英國的政治算術和義大利、法國的古典概率論加以協調、統一、改造和融合成為具有近代意義的統計學，把統計學推向了新的發展階段。他將統計方法用於研究人類，促進了人口統計學的發展；他提出平均人理論，用平均值作為實際值的一種代表值；他用大量統計數據對犯罪問題的研究，被人稱為「道德統計」；他創建國際統計會議組織，促進了國際統計交流與合作。可以說凱特勒是古典統計學的終結者，近代統計學的先驅者，在統計學發展史上起著承先啟後、繼往開來的作用。

19 世紀下半葉，德國統計學界在英國政治算術學派的影響下，努力使統計學成為一門用統計數量表達社會經濟現象及其規律的社會科學，從而社會統計學派逐漸形成。該學派的先驅者 K. G. A. 克尼斯把統計學的性質規定為「具有政治算術內容的社會科學」。他在《作為獨立科學的統計學》（1850）一書中，提出了「國家論」與「統計學」科學分工的主張。他認為國家論是用文字記述的國勢學的科學命名，統計學則是用數值研究社會經濟規律的政治算術的科學命名。學派的創始人 G. V. 邁爾在《社會生活中的規律性》（1877）一書中提出，統計學是根據數量的大量觀察，對人類社會生活的狀態及其產生的規律作有系統的說明與研究。他明確指出統計學的研究對象是社會經濟現象的規律，認為脫離規律性的研究就不能獲得科學的認識，統計學不僅要確定事實數量的記述，還必須研究其規律性。另一位代表人物德國統計學家 E. 恩格爾提出了統計調查、整理和分析三階段的統計方法。他通過對英、法、德和比利時等國的工人家庭調查，撰寫了《比利時工人家庭的生活費》（1895）一書，提出著名的恩格爾定律，即：一個家庭（或個人）的收入愈低，其食品支出在收入中所占比例就愈高；反之，其比例就愈低。恩格爾系數等於（食品支出總額/收入）×100%。

現代統計學一般認為從 19 世紀末 20 世紀初開始，其標誌是推斷統計學的問世。英國生物學家、統計學家卡爾・皮爾森 1894—1895 年提出包括正態分佈、矩形分佈、J 形分佈、U 形分佈等 13 種曲線及其方程式。他的這一研究成果，打破了以往次數分佈曲線的「唯正態」觀念，推進了次數分佈曲線理論的發展和應用，為大樣本理論奠定了基礎；他提出了著名的統計量卡方 χ^2 和卡方檢驗；他還提出了標準差概念及其符號 σ，發展了相關迴歸理論等。英國統計學家威廉・西利・戈塞特 1908 年在《生物統計學》上以 student 筆名發表了《平均數的概差》，創立了 t 分佈，開創了小樣本理論的先河，解決了他多年使用小樣本中許多懸而未決的問題。

統計學的發展史表明，隨著社會的發展與實踐的需要，統計學越來越多地依賴和吸收數學方法，這使統計方法不斷豐富和完善，使統計學不斷發展和演變，使統計學成為研究社會經濟現象、自然技術現象數量方面的方法論科學。目前，統計學越來越多地向其他學科領域滲透，形成各種以統計學為基礎的邊緣學科，隨著統計學應用日益廣泛和深入，特別是借助電子計算機，統計學所發揮的功效必將日益增強。

（二）統計的類型

由於統計學是一門應用非常廣泛的科學，因此其內容體系也非常豐富。統計學可

以作如下的分類（見表1-1）：

表1-1　　　　　　　　　　統計學的分類

$$\text{統計學}\begin{cases}\text{理論統計學}\begin{cases}\text{描述統計學}\\ \text{推斷統計學}\end{cases}\\ \text{應用統計學}\end{cases}$$

理論統計學是把統計研究對象一般化、抽象化後，形成的可以應用於各種統計活動的一般統計理論和方法。本教材的內容屬於理論統計學。

應用統計學是統計的一般理論和方法應用到各個領域形成的科學，如國民經濟統計學、貨幣金融統計學、管理統計學、人口統計學、心理統計學、醫學統計學、生物統計學等。統計學是一門收集和分析數據的科學。在社會科學和自然科學領域中，都需要通過數據分析來解決實際問題，因而，統計方法的應用幾乎擴展到了所有的科學研究領域。

理論統計可以分為描述統計和推斷統計；相應地，統計學也可以分為描述統計學和推斷統計學。

描述統計學是關於如何對現象的數據特徵進行觀測、整理、計量、表述的理論和方法論科學。用從一個總體或樣本中收集到的數據，來對這個總體或樣本進行描述或得出有關這個總體或樣本的結論，這樣的統計稱為描述統計。如全班有50名同學或從全校15,000名同學中抽取400名同學，把這50名同學的成績用圖、表或特徵值如平均分數、分數的標準差、及格率等表示出來，從而得出針對該班或400名同學學習情況的結論。

推斷統計學是關於如何抽取樣本並利用樣本數據推斷總體有關數據的理論和方法論科學。推斷統計主要包括參數估計和假設檢驗。用從一個總體中隨機抽取的樣本數據，得出關於這個總體的結論，這樣的統計稱為推斷統計。如從全校15,000名學生中，隨機抽取400名學生進行學習情況調查。用這400名學生平均分數、分數的標準差、及格率等推算出全校15,000名學生的平均分數、分數的標準差、及格率等，從而得出全校學生學習情況的結論，這就是推斷統計。

從描述統計學發展到推斷統計學，既反應了統計學發展的巨大成就，也是統計學發展成熟的重要標誌。

只有對樣本進行了描述，才能對總體進行推斷，因此描述統計是推斷統計的基礎。本教材以描述統計學為主，只有第四章簡單介紹推斷統計學的基本理論和方法。

（三）統計的特點

統計具有下列兩個鮮明的特點。

1. 數量性

統計的數量性特點是指統計總是用數字作為語言來表述事實。統計運用科學的方法收集、表現、分析和解釋數據，並用特有的統計指標表明所研究現象的規模、水平、比率、依存度、發展變化趨勢和規律等。

但是統計不研究抽象的數量，它是在質的規定性下研究數量。例如，要說明一個

經濟的狀況，需要統計國內生產總值數據，但是只有明確了國內生產總值的概念和範圍，才能得到國內生產總值數據；只有規定了工資總額的內涵和外延，才能得到工資總額數據。

2. 總體性

統計的總體性特點是指統計不是研究個別事物的數據，而是研究大量個別事物構成的現象整體的數據，只有這樣才能達到認識現象的數量規律的目的。例如，勞動力資源統計，不是要瞭解個別勞動力的情況，而是要反應一個國家或地區的勞動力資源總數及其構成、就業總數及其分佈等。

但是，統計是從認識個別事物入手來認識現象整體的數量特徵的。例如要瞭解勞動力資源總數及其構成、就業總數及其分佈等，必須從每一個別勞動力開始，對其性別、年齡、文化程度、職業等進行調查登記，然後經過分類匯總計算，才能瞭解勞動力資源的整體情況。

二、統計研究的基本方法

統計研究的方法多種多樣，最基本的方法有：

（一）大量觀察法

所謂大量觀察法是指為了對現象整體的數量規律有所瞭解，必須對所要研究現象的全部或足夠多的個體進行調查的方法。只有通過大量觀察法才能消除偶然的、次要的因素的影響，以反應主要的、共同起作用的因素所呈現的規律性，認識現象總體數量規律。例如，就個別家庭來說，可能有的男性人口多些，有的女性人口多些，似乎沒有什麼規律，但是如果觀察上千上萬個家庭，就會發現人口的性別比例大約為1∶1；又如擲硬幣和擲骰子，每擲一次出現哪一面或哪個點子是不確定的，但是當我們擲很多次硬幣或骰子時，就發現擲硬幣出現正面和反面的可能性幾乎各為50%，擲骰子出現1～6點的可能性幾乎各為1/6。

大量觀察法實際上不是指一種具體方法，而是一種統計思想方法，強調觀察的總體單位要充分多，只有這樣才能將現象的個別偶然差異充分抵消，從而準確地揭示出所研究現象的數量特徵和規律性。否則，就可能以偏概全，得到片面的或錯誤的結論。

（二）統計分組法

所謂統計分組法是指根據統計研究的需要，按一定的標誌把總體分成若干組別的方法。通過統計分組，突出組與組之間的差異、抽象組內各單位差異，以便劃分現象的類型、反應總體的內部結構和現象之間的相互關係。統計分組法貫穿於統計研究和統計工作的全過程。

（三）綜合分析法

所謂綜合分析法是指運用各種經過科學分類匯總的綜合指標和各種分析方法，如時間數列分析法、指數分析法、相關迴歸分析法等，反應現象總體在一定時間、地點、條件下的規模、水平、對比關係、集中趨勢、差異程度、依存關係、發展趨勢和變化

規律等。

（四）歸納推斷法

所謂歸納推斷法是指由個別事物的事實，概括為現象總體的一般特徵的推理方法。歸納推斷可以使我們從具體的事實中得到一般的知識，擴大知識領域，加深認識程度。社會經濟現象是複雜的，常常會出現這樣的情況：我們所觀察的只是部分單位或有限單位事實，而我們需要分析的卻是現象總體的全部單位的事實，這就需要我們從部分單位的事實歸納推斷出現象總體的數量特徵。例如調查萬分之一的城市居民戶的收入水平，推斷出城市全部居民戶的收入水平；調查1‰的農田的收穫量，推斷出上萬畝[①]農田的收穫量等。

三、統計研究的全過程

從統計的含義可知，統計學是一門離不開數據的方法論科學。統計研究和統計工作的過程首先需要數據，在收集到數據後需要對零星、分散的數據進行整理，然後對數據進行分析和解釋。而所有這些過程，都要有一個藍圖，這就是統計設計。可以把統計研究和統計工作的全過程描述為：統計設計→統計（數據）調查→統計（數據）整理→統計（數據）分析→統計（數據）解釋。

統計設計是指根據研究對象的性質和研究的目的，在統計學和相關的學科的理論指導下，對研究對象的各個方面和各個環節進行整體考慮和安排。統計設計是統計研究和統計工作的第一環節；統計數據質量的好壞，首先決定於這個過程。統計設計的內容包括確定統計指標和統計分組標準、收集和整理資料的方法步驟、統計資料的儲存和發布、統計力量的組織和安排等。統計設計的結果表現為各種方案，如統計指標體系、分類目錄、調查方案、整理、數據儲存和發布方案、統計機構設置方案等。

網絡經濟條件下，網絡調查應用越來越廣泛。網絡調查具有及時性、互動性，原始資料的收集與原始資料的整理融合為一體、同時完成。在這種情況下，統計設計還應該包括網絡技術條件下的在線調查方案、網絡調查內容和表式、原始數據的在線分類匯總、網絡報表的生成、數據的儲存和數據庫、網絡統計服務工具頁面、電子數據交換、數據分析的計算機處理等。

經過統計設計，形成方案之後，就可以開始收集統計數據，這就是統計調查。統計調查是根據研究的目的，有組織有計劃地向客觀實際收集原始統計數據的過程，這是本教材第二章的內容。

原始的統計數據是說明多個個體的、零星的、分散的數據，必須通過科學的匯總整理，將其過渡成系統化、條理化的說明總體的數據，並用統計圖表把它們表示出來，這就是統計整理。統計整理是從統計調查到統計分析的中間環節，其質量好壞，將直接影響對現象總體數量描述和分析的質量。這是本教材第三章的內容。

得到系統化、條理化數據的統計數據並不意味著統計研究的結束。很多時候統計

---

① 1畝≈666.67平方米，下同。

調查和整理的是樣本數據，還必須通過統計方法研究數據，得出反應研究對象的數量特徵和數量規律並進行分析解釋，這就是統計分析和統計推斷。這些是本教材第四章至第九章的內容。

第二節　統計中的基本術語

一、總體、個體與樣本

（一）總體、個體、樣本的概念

總體是在一定的研究目的下，所要研究事物的全體，它是由客觀存在的、具有某種共同性質的眾多個別事物構成的整體。總體規模用 N 表示。

構成總體的個別事物是個體或總體單位。個體是所要研究具體問題的承擔者。在統計調查中，常常稱總體為調查對象，稱個體為調查單位。

樣本是從總體中抽取的一部分個體的集合，構成樣本的個體的數目稱為樣本容量，用 n 表示。從總體中抽取一部分個體作為樣本，目的是要根據樣本提供的有關信息去推斷總體的特徵。

比如，瞭解某校學生的學習情況，學習情況具體體現在學生身上，所以全校所有的學生是總體，每一個學生是個體，從全校所有的學生中隨機抽取 400 名學生就構成了一個樣本，通過 400 名學生的學習情況如平均成績、及格率等，可以推斷全校學生的學習情況；若要研究某市的工業生產情況，工業生產情況具體體現在工業企業身上，該市每一個工業企業是個體，所有的工業企業是總體，從中抽取的若干個工業企業構成一個樣本，通過構成樣本的工業企業的利潤、上繳稅金、勞動生產率等，可以推算全市工業產值、利潤、上繳稅金、勞動生產率和產值等；若要研究某市的工業生產設備情況，工業生產設備情況具體體現在設備上，所以每一臺工業生產設備是個體，該市所有的工業生產設備是總體，從中抽取的部分工業生產設備是樣本，通過這些設備的淨值、生產能力等，可以推算全市所有工業生產設備的淨值、生產能力等。

在這些例子中，「學習情況」「工業生產情況」「工業生產設備情況」是研究目的；某個學校的學籍、進行工業生產、用於工業生產的設備分別是這些學生、工業企業、工業生產設備的「共同性質」；若干名學生、若干個工業企業、很多很多的工業生產設備分別是「眾多個別事物」。

（二）總體的特點

把總體和總體單位結合起來，總體具有以下特點：

總體具有同質性。即構成總體的總體單位在某一方面性質是相同的。只有性質相同的人、單位、物等才能集合在一起，研究其數量表現和數量聯繫才有意義。因此，同質性是構成總體的基礎。

總體具有大量性。即構成總體的總體單位必須足夠多。總體單位是總體數量特徵

最原始的承擔者，總體的數量特徵很多時候是無法直接觀測到的，只能通過對總體單位的數量特徵進行觀測得到。而總體單位的數量特徵可能各不相同，沒有規律可循，只有對大量總體單位的數量特徵進行綜合，才能體現總體的數量特徵。因此，大量性是構成總體的條件。

總體具有差異性。即構成總體的總體單位在某一方面性質是相同的，而在其他方面都是不盡相同的。例如上邊的例子，如果每一個學生的學習情況都一樣，每一個工業企業的生產情況都一樣，每一臺設備的狀況都一樣，我們就無需總體了，只要瞭解一個學生、一個工業企業、一臺工業生產設備，就知道了所有學生的學習情況、所有工業企業的生產情況、所有工業生產設備的狀況。因此，差異性是構成總體的前提，也是統計研究的前提。

(三) 總體的分類

按構成總體的總體單位是否可以計量，總體可以分為有限總體和無限總體。構成一個總體的個體無論有多少，只要其數量是有限的，就是有限總體。如全國人口普查，個體多達十幾億人，但它是有限的，是有限總體。構成一個總體的總體單位若是不可數的，即為無限總體。如果沒有時間界線，可以把連續生產線的產品產量視為無限總體。社會經濟現象絕大多數是有限總體，而在推斷統計中，總體是隨機變量，為無限總體。

二、標誌、指標與變量

(一) 標誌

標誌是說明總體單位特徵的概念，所以也稱為單位標誌或單位標示。在統計調查中稱為調查項目或登記項目。總體單位具有很多特徵，人口調查中，說明每一個人特徵的標誌有：性別、籍貫、文化程度、婚姻狀況等；在工業生產調查中，說明每一個工業企業特徵的標誌有：所有制性質、職工人數、固定資產數、產量、利潤額等。

標誌的具體表現稱為標誌值。如人口調查中，性別這個標誌具體可以表現為男或者女，年齡這個標誌具體可以表現為 2 歲、19 歲、85 歲等。這裡「男」「女」「2 歲」「19 歲」「85 歲」等是標誌值。

根據標誌的具體表現不同，標誌可以分為品質標誌和數量標誌。若一個標誌的具體表現只能用文字表示，不能用數字表示，則這個標誌為品質標誌，品質標誌表明總體單位的屬性。如性別表現為男或女，籍貫表現為北京、上海、成都等，婚姻狀況表現為未婚或已婚，所有制性質表現為國有經濟、集體經濟、股份制經濟等。所以，性別、籍貫、婚姻狀況、所有制性質等是品質標誌。就所研究的問題，有的品質標誌只有「是」或者「非」兩種表現，則稱其為是非標誌。如產品質量，每一件產品要麼合格，要麼不合格；家庭是否有電腦，每一個家庭要麼有電腦，要麼沒有電腦等。產品質量、家庭是否有電腦就是是非標誌。

若一個標誌的具體表現可以取不同的數字，則這個標誌為數量標誌，數量標誌表明總體單位的數量特徵。如年齡可以是 2 歲、19 歲、85 歲等，職工人數可以是 5,253

人、10,234 人、103 人等，固定資產可以是 9,877 萬元、15,789 萬元、78 萬元等，總額利潤可以是 461 萬元、19.809 億元、122 萬元等。所以，年齡、職工人數、固定資產、總額利潤等是數量標誌。

(二) 統計指標與指標體系

統計指標簡稱為指標，是反應總體數量特徵的概念或概念與具體數值。例如，國內生產總值、總人口數是統計指標；2014 年年末全國總人口為 136,782 萬人，比上年末增加 710 萬人；初步核算，2014 年國內生產總值 636,463 億元，按可比價格計算，比上年增長 7.4%。其中，第一產業增加值 58,332 億元，增長 4.1%；第二產業增加值 271,392 億元，增長 7.3%；第三產業增加值 306,739 億元，增長 8.1%，產業增加值也是統計指標。

統計指標包括指標名稱、指標數值、計量單位三個要素。指標名稱是現象數量特徵的內涵和外延，反應指標的經濟含義、時間範圍和空間範圍。指標數值是現象數量的規模大小、水平高低、相對程度等。計量單位是現象數量的衡量尺度。

按表現形式，統計指標可以分為總量指標、相對指標和平均指標；按反應的數量特點，統計指標可以分為數量指標和質量指標，數量指標是反應現象總規模、總水平或工作總數的指標，質量指標是反應現象相對水平或工作質量的指標。統計指標的兩種分類的關係如下（見表 1-2）：

表 1-2　　　　　　　　　　統計指標的分類

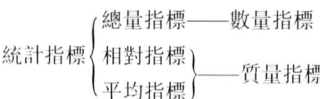

社會經濟現象是複雜的、多種多樣的，其數量表現和數量關係不是一、兩個指標能夠反應的，因為單個指標的作用是有限的，一個統計指標只能反應總體某一方面的數量特徵，要能全面反應總體的數量特徵，就需要若干個既相對獨立又相互聯繫的統計指標來反應。若干個有聯繫的統計指標構成的有機整體就是統計指標體系。

統計指標體系分為基本統計指標體系和專題統計指標體系兩大類。基本統計指標體系反應經濟和社會發展基本情況，比如一個國家的人口總數、國土面積、國內生產總值等；專題統計指標體系反應某一經濟或社會現象的情況，比如，為了反應全國或地區的經濟效益而設置的國民經濟效益指標體系，為了反應全國或地區的固定資產投資分佈、利用和效益而設置的固定資產投資指標體系等。

指標與標誌有密切的聯繫，指標數值總是匯總標誌值或總體單位而得到的，比如，把各個工業企業的增加值和企業個數匯總就能得到反應工業企業生產情況的重要指標——工業增加值和工業企業總數。但是，與標誌有可以用數量表示的數量標誌與不可以用數量表示的品質標誌之分不同，任何統計指標都可以用數量表示，也就是說統計指標都是可量的，而標誌未必都是可量的。品質標誌的表現不是數值，只有對品質標誌的具體表現所對應的單位進行匯總，才是指標。例如，性別的具體表現為男或女，把男性人數或女性人數匯總，男性多少人、女性多少人才是指標。

（三）變量

統計中，稱說明現象某種數量特徵的概念為變量。按照這個定義，指標名稱和標誌都是變量，如國內生產總值、工資總額、學生人數、性別可以取不同的值或不同的表現，它們就是變量。

變量的具體表現是變量值，即統計數據，如國內生產總值 636,463 億元、工資總額 300 萬元、學生人數 16,000 人、性別男等。變量可以分為定性變量和定量變量兩大類。

定性變量是具體表現為文字的變量，只能以類別分開，所以也稱為分類變量、屬性變量。如「性別」的具體表現是「男」「女」，「滿意度」的具體表現是「非常滿意」「滿意」「基本滿意」「不滿意」「非常不滿意」等。對於定性變量，通常關注的是每一個類別的數量和其所占比例。

定量變量是可以取具體數值的變量，所以也稱為數值變量，如「成績」可以是 60 分、75 分、92 分等；「國內生產總值」分別為 300,670 億元、636,463 億元等。

數值變量有離散變量和連續變量之分。

離散變量是可以一一列舉的量，其取值都是整數，如「機構數」「學生人數」「設備臺數」等。離散變量一般通過計數得到。

連續變量是不能一一列舉的量，任意兩個變量值之間都有無窮多個變量值，如「重量」「長度」「零件尺寸誤差」等。連續變量一般通過測量得到。

三、統計數據

統計數據是對客觀現象進行計量的結果。任何現象都有其屬性或數量表現，現象之間都有內在的關係，這些屬性或數量表現及內在關係的表現，就是統計數據。

（一）統計數據的分類

按是否可以直接用數字表示，統計數據可以分為定性數據和定量數據。品質標誌的具體表現是定性數據，反應現象的類別和等級。數量標誌的具體表現和統計指標數字是定量數據，反應現象的規模、水平、相對程度等。

按是否經過加工處理，統計數據有原始數據和綜合數據之分。原始數據產生於統計調查階段，主要是說明總體單位特徵的數據，比如性別男、女、月工資 3,860 元、5,410 元等；綜合數據則是經過統計整理後形成的，用以說明總體特徵的數據即統計指標數字，比如中國 2014 年中國國內生產總值 636,463 億元、全年進出口總額 264,335 億元人民幣，比上年增長 2.3% 等。

按時間狀況，統計數據可以分為截面數據和時序數據。截面數據也稱為靜態數據，是同一時間點或時間段的數據，如全國 2014 年國內生產總值數、年末的人口數等。時序數據也稱為動態數據、時間序列，是不同時間點或時間段的數據序列，如中國歷年的國內生產總值數、歷年末的人口數等。

（二）統計數據的計量尺度

統計數據是對客觀現象進行計量的結果，這就涉及計量尺度的問題。按照變量的

性質和數學運算功能特點，統計數據的計量尺度有以下四種。

1. 定類尺度

定類尺度是按現象的某種屬性對現象進行平行分組，分組後所形成的數據稱為定類數據或列名數據。比如按性別把總體分成男和女兩類；按企業登記註冊類型，把企業登記註冊類型分為內資企業、港澳臺商投資企業和外商投資企業三大類。「男」「女」以及「內資企業」「港澳臺商投資企業」「外商投資企業」就是定類數據。為了便於計算機處理，人們可以用0、1、2或A、B、C代表各類別的數據，但是它們只是各種類別的代碼，它們之間沒有數量上的關係和差異。

定類數據沒有優劣、大小、順序之分，誰排前、誰排後，對統計研究沒有實質性影響。定類數據只能區分事物的同類或不同類，所以其數學特性是「等於（＝）」和「不等於（≠）」，其計算功能是能夠計算每一個類別的次數和比重、眾數和異眾比，進行列聯表分析和 χ^2 檢驗等。

2. 定序尺度

定序尺度是按現象的某種屬性對現象進行有等級差異或順序差異的分組，分組後形成的數據稱為定序數據。比如按「滿意度」把總體分成「非常滿意」「滿意」「基本滿意」「不滿意」「非常不滿意」五類。「非常滿意」「滿意」「基本滿意」「不滿意」「非常不滿意」就是定序數據。定序數據也可以用1、2、3或A、B、C等表示，但也僅僅是它們的代碼而已。

顯然，非常滿意好於滿意、滿意好於基本滿意等，它們是不平行的，是有序的。定序數據不僅可以區分事物的同類或不同類，還可以區分事物的好壞，所以其數學特性除了「等於」和「不等於」外，還有「大於（＞）」和「小於（＜）」。但是不能具體測定類別之間的差異，不能具體說一個類別大於或小於另一個類別多少，其計算功能除了定類數據的功能外，還可以計算中位數、分位數、等級相關等，但是不能進行加、減、乘、除運算。

定類尺度和定序尺度在對現象總體分類時，必須符合窮盡和互斥的原則，即在分類時，必須包括總體的所有個體，使每一個個體或單位都能歸入一類，而且只能歸入一類，不能遺漏、不能重複。

3. 定距尺度（間隔尺度、區間尺度）

定距尺度是對現象類別或順序之間的間距進行的測度。這樣得到的數據稱為定距數據、區間數據、間隔數據。定距數據之間的差是固定不變的，並且沒有一個通常的零點，定距數據之間比值是沒有意義的。比如女士內衣尺寸就是定距數據，其國際標準對照如表1-3所示。內衣尺寸每增加2個單位，尺碼就大一號，但是，絕對不能說4號內衣是2號內衣的兩倍大，0號內衣不代表其不存在。又如溫度也是間隔數據，10度比8度高2度、20度比18度高2度，高出的溫度一樣，但是，20度的天氣絕不是比10度的天氣熱一倍，0度是溫度的一種狀況，絕不代表溫度不存在。

表1-3　　　　　　　　　　女士內衣尺寸國際標準

國際	XS	S	M	L	LX	LLX	XXXL
中國	S	M	L	XL	XXL	XXXL	
美國	2	4	6	8	10	12	14
英國	6	8	10	12	14	16	18
歐洲	32	34	36	38	40	42	44
法國	34	36	38	40	42	44	46
義大利	38	40	42	44	46	48	50

4. 定比尺度

定比尺度是對現象進行觀測計數或計算，這樣得到的數據是定比數據或數值型數據。比如某校學生人數13,585人；初步核算，2014年中國國內生產總值636,463億元，第一、二、三產業的增加值分別為58,332億元、2,713,921億元、306,739億元，分別占國內生產總值的9.17%、42.64%、48.19%等，其中學生人數、國內生產總值、三次產業的結構是定比數據。

定比數據是對事物精確的度量，有真正的0值。比如，成績95分比80分高15分，體重60千克的人比體重為30千克的人重1倍。定比數據除了具有定類數據和定序數據的全部計算功能外，還具有加、減、乘、除運算功能，比如可以匯總，可以計算各種特徵值、相對數，進行參數估計、假設檢驗以及進行更多的定量分析[①]。

按計量尺度所分的上述四類數據是有層次的，後一層次的數據包含了前一層次的全部信息內容，能夠轉換為前一層次的數據，但反之則不然，即定比數據包含了定類數據、定序數據和定距數據的全部信息，也可以轉換成定類數據、定序數據和定距數據；定序數據包含了定類數據的全部信息內容，可以轉換成定類數據，但是不能轉換成定比數據。所以定比數據的計量層次最高，定類數據的計量層次最低。圖1-1是依計量層次由低到高的各尺度的主要特徵。

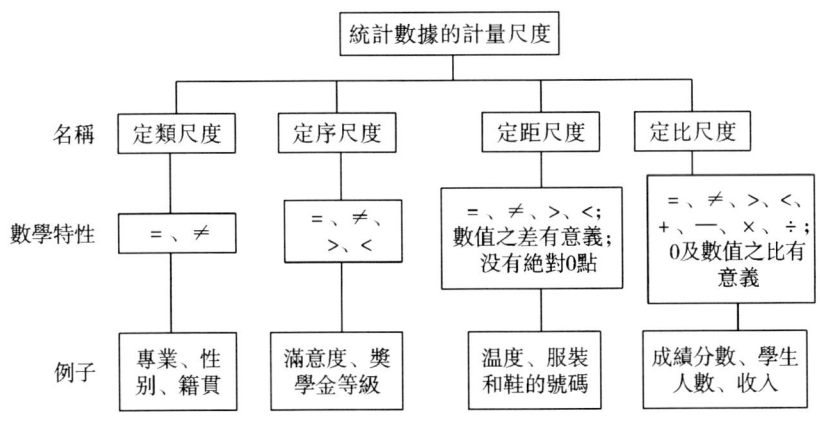

圖1-1　四個計量尺度的特徵

---

① 由於定距數據僅僅是對現象類別或順序之間間距的測度，不能做其他數學計算，在本教材以下內容中也不涉及它，因此以下我們稱定距數據為定量數據。

第三節 用 Excel 進行統計分析

一、Excel 的統計圖表功能

本教材採用 2013 版 Microsoft Excel 作為數據處理的軟件。在 Excel 的「數據數據分析」中，有 19 種數據分析工具。從「方差分析：單因素方差分析」開始，到「Z 檢驗：雙樣本平均差檢驗」結束，如圖 1-2 所示。

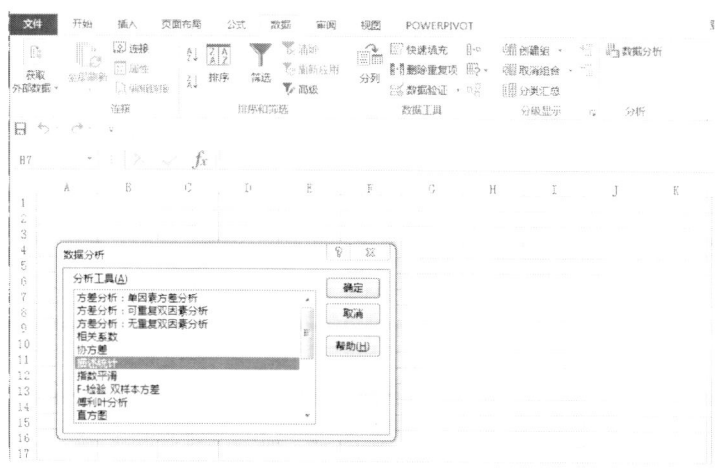

圖 1-2 Excel 的數據分析工具對話框

二、Excel 的統計函數功能

在 Excel 的「粘貼函數 (fx)」中，有 105 個統計功能，從「AVEDEV（絕對偏差的平均值）」開始，到「ZTEST」結束，可以做很多統計計算。

在標準工具欄上，單擊 f_x，就會出現「插入函數」對話框，在「選擇類別」下拉選單中選擇中選擇「統計」，出現圖 1-3 所示的對話框，就可以選擇需要的統計函數進行統計運算。

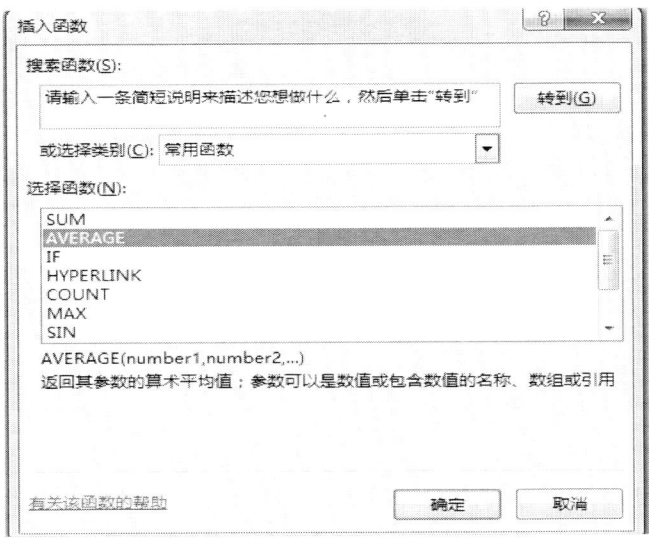

圖 1-3　Excel 統計函數功能對話框

　　Excel 統計函數功能是對 Excel 的數據分析工具的補充，對每一個統計功能都有比較詳細的介紹。如點擊「NORMINV」，出現 1.4 左邊的方框，若再點擊左下方的「有關該函數的幫助」，就會出現圖 1-4 右邊的方框。方框介紹了左邊方框各個項目的含義，給出了使用說明和示例。

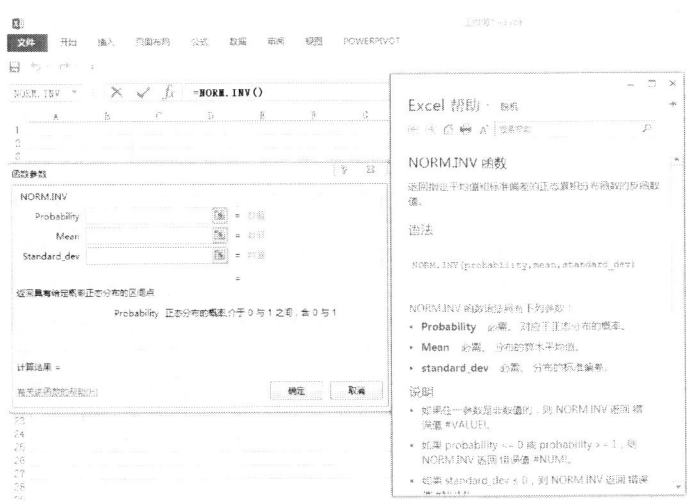

圖 1-4　Excel 統計函數功能使用示例

三、Excel 的數據分析工具

　　在 Excel 的「數據→數據分析」中，有 19 種數據分析工具。從「方差分析：單因素方差分析」開始，到「Z 檢驗：雙樣本平均差檢驗」結束，如圖 1-5 所示。

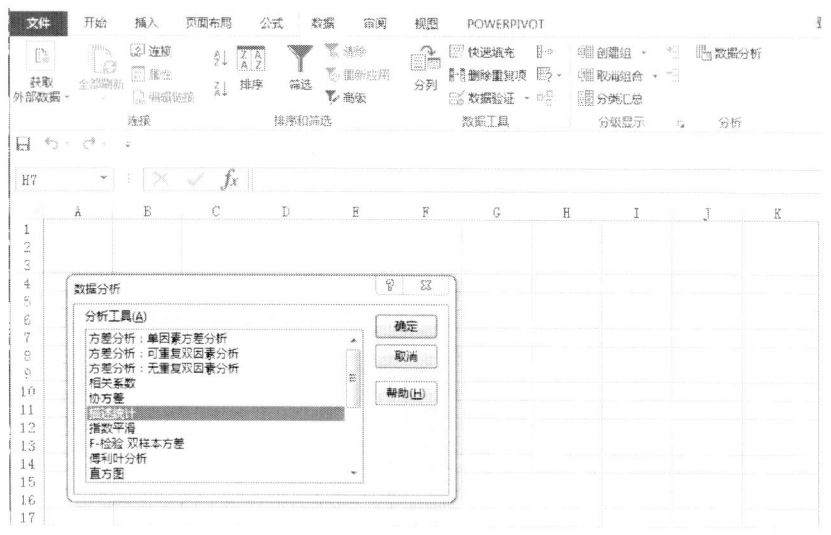

圖1-5　Excel的數據分析工具對話框

本章小結

本章分三節介紹了統計學中最基本的問題。統計學是研究數據的方法論科學，是論述有關數據收集、整理、分析和解釋的理論。為了學好統計學，必須把握好以下問題：

（1）統計的含義。瞭解統計工作、統計資料、統計學及其關係；統計學發展史上的主要學派和代表人物；統計研究的總體性和數量性特點。

（2）統計研究的基本方法。它包括大量觀察法、分組法、綜合分析法、歸納推斷法。其中大量觀察法不是一種具體的方法，而是一種統計思想。

（3）統計的基本概念。掌握總體、個體與樣本及其關係；標誌、指標與變量及其關係。在以下各章中會經常用到這些概念。

（4）統計數據的概念和分類。統計數據是總體或總體單位某一特徵的具體表現，即變量值。無論品質標誌的具體表現、數量標誌的具體表現還是統計指標數值都是統計數據。按是否可以直接用數字表示，統計數據可以分為定性數據和定量數據；按是否經過加工處理，統計數據可以分為原始數據和綜合數據；按時間狀況，統計數據可以分為截面數據和時序數據；按計量尺度，統計數據可以分為定類數據、定序數據和數值型數據。

（5）Excel在統計中的作用。Excel有強大的統計功能、圖表功能和數據分析功能，這些功能在以下各章中具體學習和應用。

思考題與練習題

1-1　什麼是統計？

1-2　統計學發展史上主要有哪些學派？其主要代表人物是誰？

1-3　什麼是大量觀察法？為什麼說大量觀察法是統計研究最基本的方法之一？

1-4　統計總體性和數量性特點的含義是什麼？

1-5　為什麼說差異性是構成總體的前提？

1-6　報紙上報導一項民意調查的結果說：「43%的美國人對總統的整體表現感到滿意。」報導最後寫到：「這份調查是根據電話訪問1,210位成人所得，訪問對象遍布美國各地。」這個調查的總體是什麼？總體單位是什麼？樣本是什麼？

1-7　一個公司正致力於測試一種新的電視廣告的效果。作為測試的一部分，廣告在某市的當地新聞節目中下午6：30播出。兩天以後，一市場調查公司進行了電話採訪以獲取記憶率信息（觀眾記得看過廣告的百分比）和對廣告的印象。這一研究的總體是什麼？個體是什麼？樣本是什麼？這種情況下為什麼使用樣本？簡要解釋原因。

1-8　蘇格蘭曾經在一地區進行了一次實驗來確定對學齡兒童提供免費牛奶的效果，在每一所學校選擇一些兒童作為處理組給予免費牛奶。請確定這個實驗的總體、總體單位、樣本。

1-9　統計研究現象總體的數量特徵，為什麼要從定性認識、從個體研究開始？

1-10　統計研究的基本方法可通用於自然現象、社會經濟現象和科學實驗等領域的分析研究。這種說法對嗎？為什麼？

1-11　試各舉三個定類數據、定序數據、定量數據的例子。

1-12　試舉若干你日常生活中所接觸的統計問題的例子。

1-13　Excel在統計中有什麼作用？

第二章　統計數據的收集與整理

　　統計數據是統計分析和研究的基礎。離開了統計數據，統計方法就成了「無米之炊」。當統計研究的目的和任務確定以後，從哪裡獲得研究所需要的數據？向誰收集這些數據？等等，對這些問題的研究形成了統計學的重要組成部分之一——統計調查方法和理論。

　　統計調查收集到的大量個體數據是零星的、分散的，必須將其進行科學的分類匯總、加工處理，使之系統化、條理化，以符合統計分析的需要，成為能夠反應事物總體特徵的綜合資料。這也是統計學的重要組成部分之一——統計整理方法和理論。

第一節　統計數據的收集

一、統計調查的意義及要求

(一)　統計調查的意義

　　統計調查就是根據統計研究的目的和任務，採用科學的調查方法，有計劃、有組織地收集各種統計資料的過程。統計資料的來源有直接來源和間接來源兩種途徑。直接來源是指通過直接調查各總體單位而獲取原始資料，這些資料是有待加工整理而過渡到綜合數據的個體資料。間接來源是指從各種間接渠道，如統計年鑒、報刊、互聯網或有關部門業務管理內部資料等，對已經進行過加工整理的次級資料進行收集。

　　統計調查與一般社會調查相比有其顯著的特點，主要表現在：統計調查所收集的不是個別或極少數單位的資料，而是大量或足夠多單位的資料；統計調查的結果要能夠匯總、加工成綜合數據，反應或推斷現象總體的數量特徵。

(二)　對統計調查數據的基本要求

　　統計調查是整個統計認識活動和統計研究的起點，所收集資料質量的好壞決定著統計認識活動和統計研究的成敗。對統計調查數據的基本要求是：準確、及時、完整。

　　準確是指統計調查提供的資料應該如實反應客觀實際、真實可靠。只有真實準確的數據，才能為統計分析提供充分翔實的依據、對事物做出正確的判斷、得出合乎事物本質特徵的科學結論。準確是統計調查和統計數據的生命。

　　及時是指在統計調查規定的時間內，盡快完成調查工作，提供及時有效的統計資料。統計數據具有很強的時效性，如果所提供的數據已經時過境遷，那麼再準確的資

料也會失去其應有的價值，猶如「雨後送傘」。

完整是指對應該調查的單位、應該調查的項目要無一遺漏地進行調查，而且調查資料要相互配套、相互支撐，才能全面系統地反應所研究現象總體的特徵。

二、統計調查方案

統計調查涉及面廣、工作量大，為保證統計調查工作有計劃、有組織、有步驟地順利進行，在調查前應該事先設計制訂一個科學、周密的調查方案。調查方案的制訂是統計設計在調查階段的具體化，是指導整個統計調查過程的藍圖。設計調查方案時一般都要包括以下內容：

(一) 確定調查目的和任務

調查方案中應首先明確為什麼要進行調查，通過這項調查要解決什麼問題。調查目的明確、中心突出，才能進一步確定調查方案的其他內容。

(二) 確定調查對象、調查單位和報告單位

調查對象是根據調查的目的和任務所要調查事物的全體，即第一章所說的總體。構成調查對象的各個個體是調查單位，即第一章所說的總體單位。確定調查對象就是確定調查範圍，確定調查單位是明確具體向誰調查、收集誰的資料。

報告單位（即填報單位）與調查單位是兩個不同的概念。調查單位是調查項目、內容的具體承擔者，報告單位是向上報告調查結果、提交統計數據的單位。二者可能一致、也可能不一致，如調查工業生產情況，所有工業企業是調查對象，每一個工業企業是調查單位，同時也是填報單位；而調查工業生產設備情況，所有的工業生產設備是調查對象，每一臺設備是調查單位，但填報單位是各個工業企業。

(三) 確定調查項目和設計調查表

調查項目是調查的具體內容。確定調查項目，就是要根據調查的目的和任務要求，確定需要瞭解調查單位的哪些屬性或特徵。因此，調查項目是由一系列品質標誌和數量標誌構成的。

為了便於調查資料的登記、檢查和匯總整理，調查項目通常按一定順序、一定結構排列在表格裡，這就是調查表。調查表有單一表和一覽表兩種。一個調查單位填寫一份的調查表稱為單一表，若干個調查單位填寫一份的調查表稱為一覽表。

(四) 確定調查組織形式和方法

調查方案還必須根據研究目的、內容和調查對象的性質特點，明確規定調查的組織形式和收集資料的具體方法。一項調查是採用全面調查還是非全面調查，抽樣方法是概率抽樣還是非概率抽樣，是傳統調查方式還是現代計算機輔助調查、網絡調查方式，具體收集資料是電話調查還是入戶訪談，等等，都要根據不同的調查目的、範圍、單位、內容和實際條件在調查前加以確定。

(五) 確定調查時間

調查時間有兩方面的含義，其一是指調查的標準時間，其二是指調查期限。所謂

標準時間是調查資料所屬時間。如果是時期現象，要規定收集登記的是現象在哪一段時期的數據；如果是時點現象，要規定收集登記的是現象在哪個時點上的數據。例如第三次全國經濟普查規定：時點資料的標準時間為 2013 年 12 月 31 日，時期資料的標準時間為 2013 年度。所謂調查期限，即整個調查工作從開始到結束的時間，包括調查登記的時間、數據處理的時間、數據分析的時間。規定調查時間是為了保證調查資料的統一性和及時性，使整個調查工作有步驟、有計劃地進行。

（六）確定調查的其他事項

為了保證調查工作順利進行，在調查方案中還需制訂好組織實施的各項具體計劃，包括明確調查的組織機構、宣傳、調查人員的選擇和培訓、經費預算、是否需要試點、資料報送程序和方法、數據處理和質量控制、數據公布、資料管理和開發應用等。

三、統計調查方式

（一）統計調查方式的種類

由於統計研究對象的複雜性和統計研究任務的多樣性，統計調查方式是多種多樣的。最主要的分類是按對調查對象中的所有單位是否全部進行調查而分為全面調查和非全面調查。

全面調查是對調查對象中的全部單位無一例外地進行調查，目的在於直接獲得總體數據。全面調查包括的總體單位完整、收集的數據比較全面，能夠滿足各個層次、各級政府管理的需要，不存在由樣本推斷總體產生的代表性誤差；但全面調查耗費的人力、財力、物力較多，所需時間較長，由於調查面大容易產生較大的調查誤差，而且調查過程中較易受到各種人為因素的干擾從而影響調查資料的質量。全面調查通常只用於收集重要的基礎數據。全面調查包括統計報表和普查。

非全面調查是只對調查對象中的一部分單位進行調查，其目的或者是瞭解總體基本情況，或者是用樣本數據推斷總體特徵。非全面調查可以節約調查費用、提高調查資料的及時性，調查內容可以比全面調查更深入細緻。由於調查範圍較小，相對而言其調查誤差也較小；雖然抽樣調查存在用部分推斷總體的代表性誤差，但隨機抽樣的抽樣誤差可以計算並加以控制，因此實際應用中大量採用非全面調查。非全面調查包括重點調查和抽樣調查。

（二）統計調查的具體方式

1. 統計報表

統計報表是以基層企事業單位的原始記錄為基礎，按照國家統一規定的表格形式、填寫要求、報送程序和報送時間，自下而上定期向國家和主管部門報送基本統計資料的一種調查方式。按國家有關法規制定、審批、實施和管理統計報表的一整套辦法和規定稱為統計報表制度。

2. 普查

普查是專門組織的一次性的全面調查。普查是為了詳盡地瞭解某項重要的國情國

力而專門組織的一次性全面調查。普查所包括的單位、分組目錄和指標內容都比統計報表更廣泛、更詳細。普查既可以收集統計報表所不能提供的反應重大國情國力的基本統計信息，又可以為抽樣調查提供抽樣框。因此，普查在統計調查方法體系中居於基礎地位。普查涉及面廣、調查工作量大、調查內容多、質量要求高、組織工作複雜，因此普查通常是間隔較長時間進行一次。中國目前已經建立起了週期性的普查制度，每 10 年進行一次人口普查和農業普查，每 5 年進行一次經濟普查。

普查既可用於收集時點現象在一定時點上的數據，也可以用於收集時期現象在某一段時期內的總量。如通過人口普查主要瞭解某一時點上的人口總數及其構成狀況，同時也可以瞭解某一段時期內的出生人數、死亡人數等情況。

3. 重點調查

重點調查是在調查對象中選擇重點單位進行調查，用以反應總體基本情況的一種非全面調查。所謂重點單位，是指標誌值在標誌總量中所占比重較大的少數單位。例如要瞭解中國鋼鐵工業的生產情況，只需對鋼鐵產量單位居全國前列的少數大型鋼鐵企業進行調查就可達到目的。

重點調查適合於客觀上存在重點單位的場合。重點調查投入少、見效快。既可以為了某個目的選擇重點單位進行一次性調查，也可以用於需要連續不斷收集資料的經常性調查。重點調查的結果不宜推斷總體的相關數據。

4. 抽樣調查

抽樣調查是指以概率論和數理統計理論為基礎，按照隨機原則從總體中抽取部分單位進行調查，並以調查數據推算總體數量特徵的一種非全面調查。所謂隨機原則是指樣本單位的抽取不受任何主觀因素及其他系統性因素的影響，總體的每個單位都有一定的機會被抽選為樣本單位。

抽樣調查不僅具有全面調查所不具有的經濟性、時效性、靈活性和調查誤差較小的優點，而且還具有其他非全面調查所沒有的顯著優點：按隨機原則抽取單位組成樣本，保證樣本對總體的代表性；在科學的理論基礎上根據部分推斷全體；能夠計算和控制抽樣誤差，使推斷結果具有一定的可靠性和準確性。

(三) 統計誤差

統計數據的準確性是用統計誤差來衡量和表示的。統計誤差是指統計數據與客觀現象真實數值之間的差異。統計誤差可以從不同的角度進行分類。

統計誤差可分為登記性誤差和代表性誤差。登記性誤差是由對所研究的現象進行觀測、測量和記錄等過程中的差錯或人為虛報瞞報數據造成的誤差。這一種誤差在任何一種統計調查中都可能產生。代表性誤差是指用一部分單位來代表總體時，由於部分與總體在結構上不完全相同，部分不能完全代表總體，必然會產生代表性誤差。它是非全面調查所特有的。

統計誤差還可分為偶然性誤差和系統性誤差。偶然性誤差是由於偶然原因而發生，不具有傾向性，在匯總過程中往往相互抵消。系統性誤差是由計量器具或人為原因而引起的，具有傾向性，往往使數據在數量上偏向一方。其危害性很大。

第二節　統計數據的整理

一、統計數據整理的意義

統計整理是指根據統計研究的需要，將所收集到的大量個體數據進行科學的分類匯總、加工處理，或對已經經過加工的次級資料進行再加工，使之系統化、條理化，以符合統計分析的需要，成為能夠反應事物總體特徵的綜合資料的過程。

統計調查所收集的原始資料是反應個體特徵的，是分散的、零星的資料，難以從總體上揭示社會經濟現象的數量特徵。對原始資料的整理一般是分類和匯總性整理。而次級資料，往往因為其總體範圍、分組界限、指標涵義、計算口徑和計算方法等方面不能滿足一定目的統計分析的要求，需要進行再整理。對次級資料的整理一般是再分組整理。

統計整理是從統計調查到統計分析的中間環節，是從對現象個體量的觀察到對現象總體量的認識的連接點，在統計工作中起著承前啟後的作用。統計資料整理的質量，將直接影響對現象總體數量描述的準確性和分析的真實性。

二、統計分組

（一）統計分組的概念和作用

統計分組是根據統計研究的目的和要求，將總體中的所有單位按照一定的標誌分為若幹部分或若幹組別的方法。總體分組後，突出了組與組之間的差異，而抽象了組內各單位之間的差異。統計分組對總體而言是「分」，即將總體中有明顯差異的單位歸入不同的組；對個體而言又是「合」，即將總體中相同或相似的單位歸入同一個組。

統計分組在統計研究中佔有重要地位，它不僅是統計整理的基本方法，也是貫穿於統計工作全過程的基本方法。

統計分組的作用主要表現在三個方面：第一，劃分社會經濟現象的類型。通過分組，確定總體內部的各種類型，以便進行比較、分析和綜合。第二，反應社會經濟現象的內部結構和比例關係。在劃分類型的基礎上，計算各類型在總體中的比重，可以說明總體的結構和基本性質。第三，揭示社會經濟現象之間的相互依存關係。在分組基礎上，計算有關指標，可以觀察這些指標之間存在何種聯繫。

（二）統計分組的原則

為了充分發揮統計分組的作用，在設計分組方案及具體操作時要遵循以下原則：

1. 科學性原則

科學性原則是指分組一定要從統計研究的目的出發，使組與組之間在某一方面具有顯著的差異，而組內各單位在該方面具有同質性。要實現這一原則，關鍵是正確選擇分組標誌和正確劃定分組界限。統計分組總是以一定的標誌為依據的，按不同的標

誌分組反應總體的不同特徵，如果分組標誌選擇不當，分組結果就達不到統計研究的目的。任何標誌又都有許多具體表現，或者可以取許多不同的數值，如果界限劃分不當，必然會混淆各組的性質差異，同樣達不到統計研究的目的。因此，必須從統計研究的目的和需要出發，選擇最能說明現象本質特徵的標誌作為分組標誌；在標誌具體表現的範圍內，合理劃定各組界限，在保證組內各單位同質性的前提下，盡可能把組與組之間的差異突出來。

2. 完備性原則

完備性原則是指分組時任何一個總體單位或任何一個原始數據都能歸屬於某一個組，而不會遺漏在外。例如，將工業企業按所有制分組，若只分「國有企業」「集體企業」「私營企業」三組就是不完備的，因為還有合資企業、外商獨資企業等不能歸入上述三組中。如果再增加「其他企業」一組，分組就完備了。

3. 互斥性原則

互斥性原則亦稱不相容性原則，是指任何一個總體單位或任何一個原始數據，在一種統計分組中只能歸屬於某一個組，而不能歸屬於兩個或兩個以上的組。例如，將工業企業分成「國有企業」「集體企業」「大型企業」「小型企業」等，就不具有互斥性。一個企業可以同時出現在幾個組，這將造成統計數據的混亂。

(三) 分組的類型

1. 按分組標誌的性質不同，分為品質標誌分組和數量標誌分組

品質標誌分組就是指分組的標誌為品質標誌，也即從屬性上區分各種類型組。例如人口按性別分組，企業按經濟類型分組，國民經濟按行業分組等。按品質標誌分組的關鍵是界定各類型組的性質差異，實際中有些分組比較簡單，界限容易劃分；但有些則比較複雜，界限不易劃分清楚。實際工作中為了方便和統一，各國都要制定適合一般情況的標準分類目錄，如中國的《國民經濟行業分類目錄》《工業部門分類目錄》和《產品分類目錄》等。

數量標誌分組就是指分組的標誌為數量標誌，也即從某個變量的數量差異上來區分各種類型。例如人口按年齡分組，企業按職工人數分組或按固定資產多少分組等。數量標誌分組的關鍵是正確劃分各組界限，以突出組間的差異性和抽象組內的差異性。

2. 按分組標誌的多少，可分為簡單分組和複合分組

簡單分組是按一個標誌對總體單位進行分組，它只反應總體某一方面的類型和結構特徵。

複合分組是按兩個或兩個以上標誌對總體單位進行重疊分組，例如對某地區工業企業先按經濟類型分組，再將各組按規模大小進行分組。複合分組不僅比簡單分組更加具體和深入地反應總體內部的類型和結構特徵，而且可以顯示結構的層次，說明總體內部類型的主從關係。但是，複合分組的標誌也不宜太多，一般不應超過三個。因為隨著分組標誌的增加，分組的組數就會成倍增加；分組過多時，總體單位分佈過於分散，不利於揭示現象的內部構成和分佈規律，失去分組的意義。因此，在進行複合分組時，一定要結合現象的特點和分析研究的需要選擇恰當的分組標誌個數。

三、分佈數列

(一) 分佈數列的概念和種類

1. 分佈數列的概念

將總體各單位按某個標誌分成若干組，列出各組的總體單位數或各組單位數在總體單位數中所占的比重，這樣形成的數列稱為次數分佈數列，簡稱為分佈數列或次數分佈（分配）。分佈在各組的單位數稱為頻數；各組單位數在總體單位數中所占的比重又稱為頻率。分佈數列是統計整理結果的基本表現形式，它表明總體單位在各組的分佈狀況，在統計分析中具有廣泛的用途。分佈數列可以反應總體的分佈特徵、結構，並據以研究總體單位某一標誌的平均水平及其變異程度。分佈數列由兩個基本要素構成：一是分組標誌的具體表現；二是各組頻數或頻率。

2. 分佈數列的種類

根據分組標誌不同，分佈數列可以分為品質分佈數列和變量分佈數列。品質分佈數列是按品質標誌分組而形成的分佈數列，簡稱品質數列，是定性數據數列，由各組名稱和各組次數構成。如將2013年年底全國就業人口按產業分組，分為第一產業、第二產業和第三產業，這便是各組名稱；列出各組的就業人數，這便是次數，這樣就構成了一個品質數列。

表2-1　　　　　　　　2013年全國按三次產業分類的就業人數

產　業	就業人數（萬人）	比重（%）
第一產業	24,171	31.4
第二產業	23,170	30.1
第三產業	29,636	38.5
合　計	76,977	100

變量分佈數列簡稱變量數列，即按數量標誌分組而形成的分佈數列，由各組變量值及各組次數構成。變量數列又可以分為單項式變量數列（如表2-2）和組距式變量數列（表2-3、表2-4、表2-5）。以一個變量值為一組的變量數列是單項式變量數列。當離散變量的變量值變動幅度不大時，適合編製單項式變量數列。以變量值的一個區間為一組的變量數列是組距式變量數列，每一區間兩端的值稱為組限，各組最小的值為下限，最大的值為上限。當變量為連續變量或當離散變量的變量值變動幅度比較大時，應該編製組距式變量數列。

對於組距式變量數列，組限的表示可以重疊，也可以不重疊。對離散變量一般採取不重疊組限形式，對連續變量理論上說，應採用重疊組限形式，即前一組的上限與後一組的下限為同一數值，如果某個變量值剛好等於組限，將其歸入下限所在組。但是實際工作中，也常常對連續變量只取整數，且採取不重疊組限，如表2-5。

表2-2　某企業某日工人日產量

日產量（件）	工人人數（人）	比重（％）
10	70	8.75
11	100	12.50
12	380	47.50
13	150	18.75
14	100	12.50
合計	800	100.00

表2-3　某班學生考試成績次數

成績（分）	學生人數（人）	比重（％）
60以下	2	3.64
60～70	15	27.27
70～80	19	34.55
80～90	15	27.27
90～100	4	7.27
合計	55	100.00

表2-4　某地某年農民人均年收入

人均產值（萬元）	人數（人）
200～300	400
300～350	900
350～400	1,200
400～500	850
500～800	650
合　計	4,000

表2-5　某地某年農民人均年收入

人均產值（萬元）	人數（人）
299以下	400
300～349	900
350～399	1,200
400～499	850
500以上	650
合　計	4,000

　　組距式變量數列中，區間的長度稱為組距，對重疊形式的組限，組距等於上限減下限，如表2-3第2組的組距為70分與60之差即10分；對於不重疊形式的組限，組距等於相鄰兩組的上（下）限之差，如表2-5第3組的組距為399與349之差即50萬元。如果第一組只有上限，最後一組只有下限，這樣的組稱為開口組，如表2-3和表2-5，開口組以相臨的組距為其組距。開口組適用於兩端有極端值且數據分散的情況，其目的是保證數據不遺漏。

　　各組上下限的中點值稱為組中值，即組中值＝（上限＋下限）/2。由於組距分組掩蓋了各組內的數據分佈狀況，為了反應各組數據的一般水平，通常用組中值作為該組數據的一個代表值。但這種代表需要一定的假定條件，即各組數據在本組內呈均勻分佈或在組中值兩側呈對稱分佈。實際上各組數據的分佈不一定完全滿足上述條件，因而組中值只是各組數據一般水平的近似值。

　　組距數列按各組組距是否相等又分為等距數列和異距數列。等距和異距的選擇，應當根據統計研究目的和現象的特點而定。如果為了直接比較各組次數多少，或現象性質特徵的變化是比較均勻的，就可採用等距分組，如表2-3所示；反之，則需要採用異距分組，如表2-4所示。

　　編製組距數列首先要確定組數和組限，組數和組限的確定應以滿足研究目的的需要、顯示數據的分佈特徵和規律，突出組與組之間的本質差異為基準。一般而言，組數不宜太多也不宜過少。若組數太多，數據的分佈就會過於分散；組數太少，數據的分佈就會過於集中，這都不便於觀察數據分佈的特徵和規律。組限的確定，一方面應當選擇能夠反應現象本質特徵的分界線的標誌值為組限，另一方面要遵循前面講過的

分組原則。

(二) 次數分佈圖和類型

為了更直觀、更形象地顯示次數分佈的狀況，可以在次數分佈表的基礎上，用統計圖來表示次數分佈。對於定量變量，次數分佈圖主要有直方圖、折線圖和曲線圖；對於定性變量，次數分佈圖主要有圓形圖和條形圖。

直方圖是顯示數據次數分佈最為普遍的次數分佈圖形。直方圖中的橫軸表示變量值，縱軸表示各組的次數（頻數或頻率）或頻數密度，以寬度和高度來表示次數的分佈。因此，實質上直方圖是以矩形面積大小來代表各組次數的多少，保證任何一個矩形所占面積的百分數完全與該組頻率值相同。

圖2-1是用表2-3的資料繪製的直方圖。從圖2-1可以直觀地看出學生成績的分佈狀況。

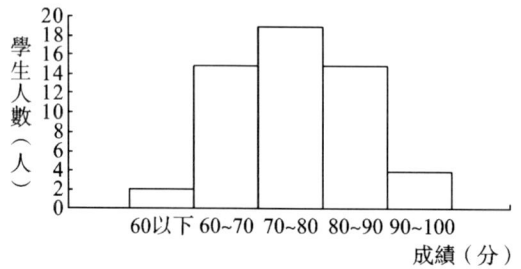

圖2-1　學生成績次數分佈直方圖

折線圖是用連續的折線來表示次數分佈的圖形，折線上各點的縱坐標數值表示所對應的次數。折線圖可以在直方圖的基礎上，將各直方形頂端中點用折線連接而成，如圖2-2所示。需要注意的是，折線圖的兩個終點要與橫軸相交，這樣才會使折線圖下所圍成的面積與直方圖的面積相等，從而使二者所表示的頻數分佈一致。

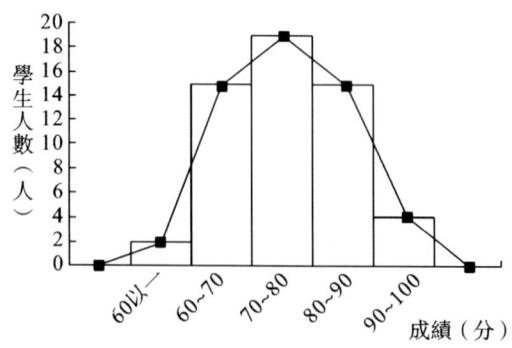

圖2-2　學生成績次數分佈折線圖

曲線圖是折線圖的理論圖，當變量數列的組數無限多時，折線就表現為一條光滑的曲線（如圖2-3）。

許多現象的次數分佈都有一定的規律性，概括起來主要有三種類型：鐘形分佈、U

形分佈和 J 形分佈。曲線圖能夠清楚地顯示次數分佈的類型。

鐘形分佈的特徵是「中間多兩頭少」，其曲線圖形如一口古鐘。社會經濟中多數現象的分佈都呈這種形態。鐘形分佈又分為對稱（正態）分佈、左偏分佈和右偏分佈。U 形分佈的特徵是「中間小、兩頭大」，人口按年齡分組的死亡率就是呈 U 形分佈。J 形分佈的特徵是「一頭大，一頭小」，如果變量值增大，次數也增多，這種分佈稱為正 J 形分佈；如果變量值增大，次數反而減少，這種分佈稱為反 J 形分佈。如圖 2-3。

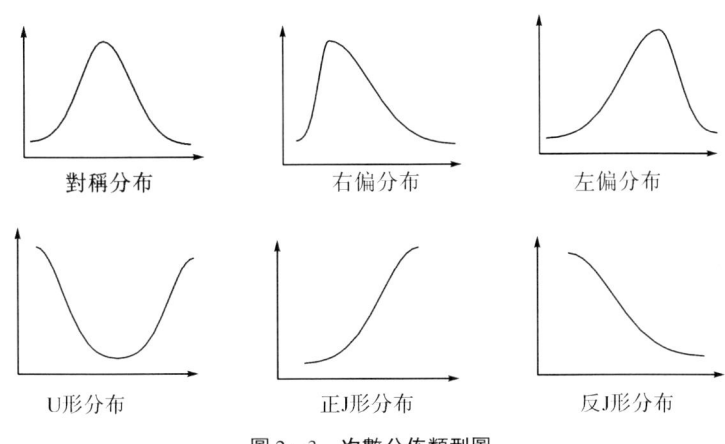

圖 2-3　次數分佈類型圖

(三) 累計次數分佈

變量數列只能反應各組次數的分佈狀況，但有時我們還需要瞭解大於或小於某個數的次數或百分數是多少，這時就需要計算累計次數。次數累計的方法有向上累計和向下累計兩種。向上累計是將各組的次數（頻數或頻率）由變量值小的組向變量值大的組累加，各組的累計次數表明小於該組上限的次數或百分數共有多少；向下累計是將各組的次數由變量值大的組向變量值小的組累加，各組的累計次數表明大於該組下限的次數或百分數共有多少。如表 2-6 所示。

累計次數分佈不僅可以用表格表現，還可以用折線圖和曲線圖來表示。對表 2-6 中的累計次數，我們可繪製成折線圖，如圖 2-4 所示。

表 2-6　　　　　　　某班統計學考試成績累計次數表

成績 （分）	學生人數 （人）	頻率 （%）	向上累計 頻數	向上累計 頻率（%）	向下累計 頻數	向下累計 頻率（%）
60 以下	2	3.64	2	3.64	55	100.00
60～70	15	27.27	17	30.91	53	96.36
70～80	19	34.55	36	65.46	38	69.09
80～90	15	27.27	51	92.73	19	34.54
90～100	4	7.27	55	100.00	4	7.27
合計	55	100.00	——	——	——	——

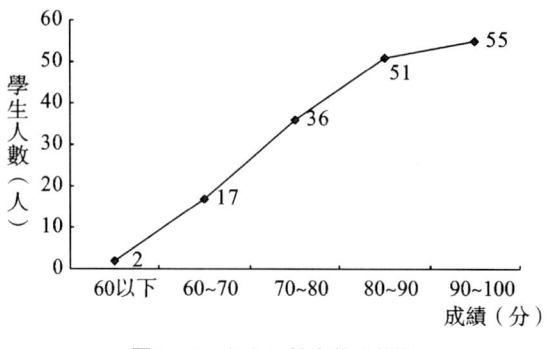

圖2-4　向上累計次數分佈圖

累計頻率（％）和累計頻率折線圖也可利用 Excel 來求得，其操作方法是在「直方圖」的對話框中，選擇「累積百分率」和「圖標輸出」，即可在輸出頻數分佈和直方圖的同時輸出累計頻率和累計頻率折線。

第三節　統計圖與統計表

統計表和統計圖是顯示統計數據的兩種方式。在日常生活中，都能看到大量的統計表格和統計圖形。統計表把紛繁的數據有條理、有系統地組織在一張表格內，統計圖把數據形象、鮮明地顯示出來。正確地使用統計表和統計圖是統計分析的基本技能，無論是手工整理還是應用電子計算機進行數據處理，製作統計表和統計圖都必須注意規則，力求科學、規範；否則，不僅統計資料不便於利用開發，而且還可能引起誤解甚至得出錯誤的結論。

一、統計圖

統計圖除了次數分佈圖外，還有許多其他的類型，不同的圖形可以滿足不同的分析需要。下面我們介紹幾種在實際生活中應用比較廣泛的統計圖。繪製這些圖形的工作都可以利用 Excel 的圖表功能來完成。在 Excel 工作表中，輸入數據後，點擊「圖表向導」（或在「插入菜單」下點擊「圖表」），選擇圖表類型，按所選圖表對話框中的提示依次操作，即可得到所需的統計圖。

（一）　柱形圖和條形圖

柱形圖和條形圖是用寬度相同、長短不同的條形來表示數據變動的圖形。由於它製作簡單、便於比較，故它是應用最廣泛的統計圖之一。柱形圖和條形圖不僅可以表示數據的分佈，還可以表明同類現象在不同單位、地點條件下的比較，以及現象在不同時間上的發展變化狀況等。

條形圖的類型較多，從排列形式上看，可分為橫式條形圖和縱式條形圖，縱式條形圖也稱柱形圖；無論是橫式還是縱式條形圖，又可分為單式和復式（如圖2-5）等

形式。

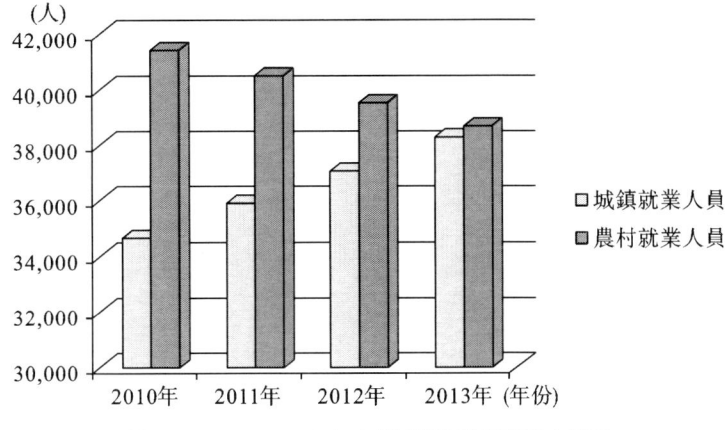

圖2－5　2010—2013年中國城鎮和農村就業人員數

(二) 圓形圖

圓形圖又稱為餅圖，它是用圓形及圓內扇形的面積來表示數值大小的圖形，主要用於表示總體中各部分所占的比重，尤其對於研究定性數據的結構性問題十分有用。

對於表2－1數據，我們可作圓形圖如下（圖2－6）。

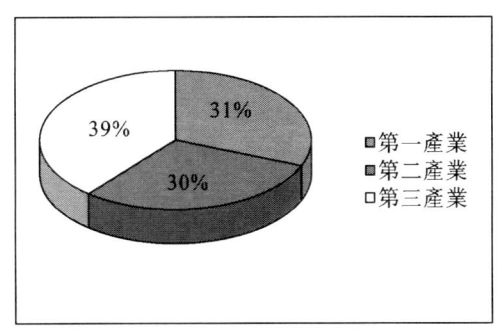

圖2－6　2013年全國就業人數分佈圖

(三) 線圖

線圖是在平面坐標上用折線表現數量變化特徵的圖形，主要用於顯示時間序列數據，以反應事物發展變化的趨勢和規律。

表 2-7　　　　　　　　　1990—2013 年全國城鄉居民家庭人均收入

年份	農村人均純收入（元）	城鎮人均可支配收入（元）
1990	686.3	1,510.2
1991	708.6	1,700.6
1992	784.0	2,026.6
1993	921.6	2,577.4
1994	1,221.0	3,496.2
1995	1,577.7	4,283.0
1996	1,926.1	4,838.9
1997	2,090.1	5,160.3
1998	2,162.0	5,425.1
1999	2,210.3	5,854.0
2000	2,253.4	6,280.0
2001	2,366.4	6,859.6
2002	2,475.6	7,702.8
2003	2,622.2	8,472.2
2004	2,936.4	9,421.6
2005	3,254.9	10,493.0
2006	3,587.0	11,759.5
2007	4,140.4	13,785.8
2008	4,760.6	15,780.8
2009	5,153.2	17,174.7
2010	5,919.0	19,109.4
2011	6,977.3	21,809.8
2012	7,916.6	24,564.7
2013	8,895.9	26,955.1

資料來源：《2014 中國統計年鑒》。

根據表 2-7 的數據繪製線圖，如圖 2-7 所示。從圖 2-7 可以觀察到，城鄉居民家庭人均收入呈逐年提高的態勢，城鎮居民的家庭人均收入明顯高於農村，而且從 1997 年後這種差距有擴大的趨勢。

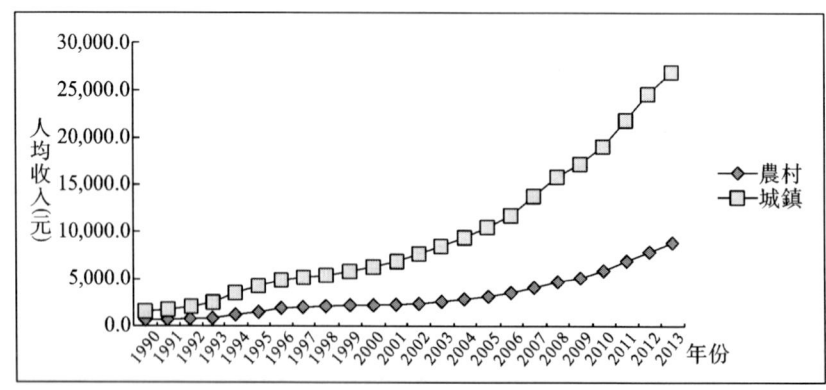

圖 2-7　1990—2013 年全國城鄉居民家庭人均收入折線圖

二、統計表

一般講，把經過調查整理匯總計算而得到的統計數據按一定的結構和順序，系統地排列在一定的表格以內，就形成了統計表。統計表廣泛運用於社會經濟生活的各個領域，是表現統計數據的重要基本工具。經過整理的統計數據，用統計表加以概括表述，較之於冗長的文字敘述，更為集中醒目、條理分明，另外也便於檢查、核對、比較分析和資料累積。因此，充分利用和繪製好統計表是做好統計分析的基本要求。

統計表的形式多種多樣，根據使用者的要求和統計數據本身的特點，可以繪製不同的統計表。比如，表2-8就是一張比較常見的統計表。

（一）統計表的構成

從表2-8可以看出，統計表一般由總標題、橫行標題、縱列標題、數據資料等要素構成，必要時也可以在統計表的下方加上表外附加。總標題是表的名稱，概括表的內容，一般放在表的正上方；橫行標題放在表的左端，縱列標題在表的上端，分別說明橫行和縱列數據的名稱。

表2-8　2013年全國城鄉居民家庭人均消費支出　←總標題

	家庭人均消費支出（元）	恩格爾系數（％）
農村居民	6,625.5	37.7
城鎮居民	18,022.6	35

（左側：橫行標題；右上：縱列標題；右側：數據）

資料來源：《2014中國統計年鑒》。　←表外附加

（二）統計表的種類

統計表按其分組情況不同，可分為簡單表、簡單分組表、複合分組表。對總體未經任何分組而按總體單位排列的統計表稱為簡單表；對總體僅按一個標誌分組的統計表稱為簡單分組表（如表2-8）；對總體按兩個以上標誌進行層疊分組而形成的統計表稱為複合分組表（如表2-9）。

表2-9　某年全國按業態分限額以上連鎖餐飲企業基本情況統計表

	門店總數（個）	營業面積（平方米）	從業人數（萬人）
直營店	**7,602**	**362**	**37.1**
正餐	2,016	207.3	15.9
快餐	4,537	138.9	20.1
茶館	11	0.4	0.0
咖啡店	609	12.6	0.8
其他餐飲	429	2.9	0.3

表2-9(續)

	門店總數 (個)	營業面積 (平方米)	從業人數 (萬人)
加盟店	**5,141**	**267.2**	**25.4**
正餐	3,455	228.9	22.5
快餐	755	17.4	1.4
茶館	0.0	0.0	0.0
咖啡店	286	17.9	1.1
其他餐飲	645	3.0	0.4

資料來源：《2008 中國統計年鑑》。

(三) 編製統計表的基本規則

為了使統計表科學、規範、實用、簡練，在編製統計表時一般應注意下列幾項規則：

(1) 統計表的各種標題，特別是總標題的表達，力求簡明，以確切地反應出表的基本內容。總標題一般需要表明統計數據的時間（When）、地點（Where）以及何種數據（What），即標題內容應滿足3W要求。

(2) 表中不要羅列太多和過於龐雜的內容，盡可能做到簡明扼要。

(3) 表中的行和列各欄，一般應按先局部後整體的原則排列，即先列各個項目，後列總計。當沒有必要列出所有項目時，可以先列總計，而後列出其中一部分的項目。

(4) 如果統計表的欄數較多，通常要加以編號，在橫行標題和計量單位等欄，用甲、乙、丙等文字標明；縱列標題各欄，用 (1)、(2)、(3) 等數字編號。

(5) 表中數字應該填寫整齊，對準位數，同欄數字的單位、小數位要一致。若有相同數字應全部填列，不得寫「同上」字樣。當不應有數字時用「——」表示。

(6) 統計表中必須註明數字資料的計量單位。當全表只有一種計量單位時，可以把它寫在表頭的右上方。如果表中需要分別註明不同單位時，橫行的計量單位可以專設一欄；縱欄的計量單位，要與縱標目寫在一起。

(7) 必要時統計表應該加註說明或註解。例如，某些指標有特殊的計算口徑，某些資料只包括一部分地區，某些數字由估算來插補等，都要加以說明，此外還要註明統計資料的來源，以便查考。說明或註解一般寫在表的下端，作為表外附加。

本章小結

(1) 統計調查就是根據統計研究的目的和任務，採用科學的調查方法，有計劃、有組織地收集各種統計資料的過程。它包括原始資料調查和次級資料調查。對統計調查的基本要求是取得準確、及時、完整的統計資料。

(2) 統計調查方案的基本內容包括：確定調查目的和任務，確定調查對象、調查單位和報告單位，設計調查項目和調查表，確定調查方式、方法和時間等。

（3）統計調查方式可分為全面調查和非全面調查。全面調查主要是指普查和統計報表；非全面調查主要包括重點調查和抽樣調查。

（4）統計整理是指根據統計研究的需要，將所收集到的大量個體數據進行科學的分類匯總、加工處理，或對已經經過加工的次級資料進行再加工，使之系統化、條理化，以符合統計分析的需要，成為能夠反應事物總體特徵的綜合資料的過程。

（5）統計整理的核心是統計分組。統計分組不僅是統計整理的基本方法，也是貫穿於統計工作全過程的基本方法。按品質標誌分組的關鍵是界定各類型組的性質差異；按數量標誌分組的關鍵是正確確定各組的數量界限，以突出組間的差異性和抽象組內的差異性，通過分組形成的變量數列要能夠顯示出數據的分佈特徵。

（6）次數分佈數列有品質分佈數列和變量分佈數列兩大類。變量分佈數列可分為單項式數列和組距式數列，組距式數列又有等距數列和異距數列之分。

（7）統計表和統計圖是顯示統計數據的兩種方式。正確地使用統計表和統計圖是統計分析的基本技能，無論是手工整理還是應用電子計算機進行數據處理，製作統計表和統計圖都必須注意規則，力求科學、規範。

思考題與練習題

2-1 什麼是統計調查？它有何特點？有哪些基本要求？

2-2 怎樣理解統計數據的準確性？

2-3 為什麼要制訂調查方案？統計調查方案一般應該包括哪些主要內容？

2-4 什麼是普查？有何重要地位？

2-5 抽樣調查與重點調查有哪些主要區別？各在什麼場合應用？

2-6 某公司為了瞭解電視廣告在本市電視臺播出一週後的效果，請問：

（1）你認為此項調查應採用哪種調查方式和具體調查方法？為什麼？

（2）試設計幾個調查項目（或要詢問的主要問題）。

2-7 直方圖與條形圖有何區別？

2-8 定量數據的分組方法有哪些？簡述組距分組的步驟。

2-9 某車間工人日產量（件）資料如下：

15 20 22 10 19 30 41 50 44 52 24 36 259 31 28 29 42 26 28 17 51 21 13 27 21 47.8 29 45 14 26 12 35 38 33 23 28 9

根據上述資料，編製頻數分佈表，並繪製頻數分佈圖。

2-10 為了評價某品牌洗衣機售後服務的質量，隨機抽取了由90個家庭構成的一個樣本。服務質量的等級分別表示為：A. 好；B. 較好；C. 一般；D. 較差；E. 差。根據下表原始數據編製頻數分佈數列。

	A	B	C	D	E	F	G	H	I
1	E	B	C	A	C	A	D	C	B
2	E	D	C	E	B	C	D	E	D
3	B	A	B	C	C	C	A	E	C
4	C	B	C	D	B	E	B	B	D
5	C	C	B	C	E	D	A	C	C
6	B	D	C	E	D	C	D	E	C
7	E	B	C	A	C	A	D	C	B
8	C	B	C	D	D	E	A	E	D
9	B	A	B	C	C	C	A	B	D
10	C	C	C	B	E	D	B	C	C

第三章　統計指標

　　《國務院政府工作報告 2015》中指出：「一年來，中國經濟社會發展總體平穩，穩中有進。『穩』的主要標誌是，經濟運行處於合理區間。增速穩，國內生產總值達到 63.6 萬億元，比上年增長 7.4%，在世界主要經濟體中名列前茅。就業穩，城鎮新增就業 1,322 萬人，多於上年。價格穩，居民消費價格上漲 2%。『進』的總體特徵是，發展的協調性和可持續性增強。經濟結構有新的優化，糧食產量達到 1.21 萬億斤[①]，消費對經濟增長的貢獻率上升 3 個百分點，達到 51.2%，服務業增加值比重由 46.9% 提高到 48.2%，新產業、新業態、新商業模式不斷湧現。中西部地區經濟增速快於東部地區。發展質量有新的提升，一般公共預算收入增長 8.6%，研究與試驗發展經費支出與國內生產總值之比超過 2%，能耗強度下降 4.8%，這是近年來最大降幅。且人民生活有新的改善，全國居民人均可支配收入實際增長 8%，快於經濟增長；農村居民人均可支配收入實際增長 9.2%，快於城鎮居民收入增長；農村貧困人口減少 1,232 萬人；6,600 多萬農村人口飲水安全問題得到解決；出境旅遊超過 1 億人次。改革開放有新的突破，全面深化改革系列重點任務啓動實施，本屆政府減少 1/3 行政審批事項的目標提前實現。這份成績單的確來之不易，它凝聚著全國各族人民的心血和汗水，堅定了我們奮勇前行的決心和信心。」報告明確，「今年經濟社會發展的主要預期目標是：國內生產總值增長 7% 左右，居民消費價格漲幅 3% 左右，城鎮新增就業 1,000 萬人以上，城鎮登記失業率 4.5% 以內，進出口增長 6% 左右，國際收支基本平衡，居民收入增長與經濟發展同步。能耗強度下降 3.1% 以上，主要污染物排放繼續減少。」

　　將統計調查收集到的大量資料，經過匯總整理後，就形成了分佈數列，得到了反應現象規模、水平的指標。但這些數值還不能反應現象之間的數量聯繫及分佈狀況。為此，需要進行深入的分析，進一步對數據信息進行挖掘，將有關數值聯繫起來進行對比分析及計算現象的數值特徵。

[①]　1 斤 = 500 克，下同。

第一節　總量指標和相對指標

一、總量指標

（一）總量指標的意義

將原始數值進行分類匯總後就得到說明現象總規模、總水平的數值，這就是總量指標。它是統計分析的基礎，用絕對數的形式表示，所以也稱為絕對數。如國土面積、人口數、國內生產總值、糧食產量、社會商品零售總額、固定資產投資額等。

總量指標按反應總體特徵的不同分為總體單位總量和總體標誌總量。總體單位總量反應總體單位的多少，說明總體本身的規模大小。總體標誌總量是總體各單位某一數量標誌值的總和，說明總體某一數量方面的總水平高低。例如，要瞭解某地區工業企業生產情況，該地區的「工業企業總數」是總體單位總量，該地區的「工業增加值」「固定資產原值」等是總體標誌總量。

總量指標的大小與總體範圍的大小有直接關係，總體範圍大，指標數值就大；總體範圍小，指標數值相應就小。

總量指標在統計中具有重要的意義。首先，總量指標是認識現象總體的起點，反應國情國力的重要數值都是總量指標；其次，總量指標是實現宏觀經濟調控和科學管理的基本依據；最後，總量指標是進行統計分析、計算其他統計指標的基礎，相對數和平均數歸根究柢都是通過總量指標對比得到的。

由於總量指標數值主要是通過匯總得到的，因此，計算和應用總量指標要在一定的理論指導下科學地確定其內涵和外延，確定計算方法。如要統計國內生產總值，首先要在宏觀經濟理論的指導下，規定什麼是國內生產總值、可以從哪些角度進行計算、包括哪些內容等，才能得到國內生產總值的數值。

（二）總量指標的計量單位

總量指標的計量單位主要有實物單位和價值單位。

1. 實物單位

實物單位是根據事物的自然屬性和特點所採用的計量單位，包括自然單位、度量衡單位、標準實物單位和複合單位。

自然單位是離散型數值的計量單位，是人們長期以來習慣使用形成的。如人口數以人為單位，汽車以輛為單位，牲畜以頭為單位等。

度量衡單位是連續型數值的計量單位，需要用一定的計量器具或儀表來反應。如糧食產量以噸為單位，布匹長度以米為單位，容量以升為單位等。

標準實物單位是將用途相同，但規格或含量不同的物品數量按某一標準折算而採用的計量單位。如能源按發熱量7,000千卡折合為1千克煤，各種糧食以水稻為標準進行折算，如5千克紅薯折合為1千克糧食。

複合單位是兩個單位以乘積形式構成的單位。如貨物週轉量用噸公里表示，勞動量以工時或工日表示。

按實物單位計量的指標稱為實物指標。實物指標給人以明確的使用價值概念，但其綜合性能差，不同使用價值的實物量不能加總。實物單位用於反應主要物資的生產和消耗、主要產品的供需平衡，特別是難於估價的土地面積和自然資源數量等。

2. 價值單位

價值單位是用貨幣來計量的單位，因此也稱為貨幣單位，如人民幣元、美元、歐元等。以價值單位計量的指標稱為價值指標或貨幣指標。

價值指標具有很強的綜合性能，可用於表明經濟活動的總成果、總規模，進行經濟效益的考核和評價等，因此在國民經濟中廣泛使用價值指標。例如，國內生產總值是綜合反應一定時期內常住單位生產並提供給社會最終使用的貨物和服務總量的價值指標。又如，由於農產品多種多樣，因此要反應全國農產品總量，也需要應用價值指標。

但是，價值指標也有不足之處，即不能直接反應出使用價值和具體內容，且要受價格波動的影響。

(三) 總量指標的時間屬性

按時間屬性不同，總量指標有時期指標和時點指標之分。時期指標反應現象在一段時間內的總量，在經濟數量分析中通常也稱為流量。如一定時期的商品銷售總額、國內生產總值、投資總額等。時點指標表明現象在某一時刻上的狀態，在經濟數量分析中通常也稱為存量。如人口數、存款餘額、商品庫存量。

流量與經濟存量之間有密切關係。存量是以前流量的累積，而存量的變動（增加或減少）又是流量的一種表現形式。有的流量有對應的存量，如產品產量是流量，其相應的存量是產品存貨；有的流量沒有對應的存量，如出口量是流量，但是沒有對應的存量。無論哪種情況，流量與存量都有相互依存、相互制約的關係，可以表示為：

期末存量 = 期初存量 +（本期增加量 - 本期減少量）

如：期末資產 = 期初資產 + 本期增加的資產 - 本期減少的資產

期末存款餘額 = 期初存款餘額 + 本期增加的存款 - 本期減少的存款

時期指標和時點指標各有不同的特點。對於時期指標而言，不同時間同一指標的數值可以直接相加，相加的結果表示現象在更長一段時間的總規模、總水平；指標數值大小與時間長短有直接關係，一般說來，時期愈長，指標數值愈大。對於時點指標而言，不同時點同一指標的數值不具有可加性，相加結果沒有意義；指標數值的大小與時間間隔長短沒有直接關係。

二、相對指標

(一) 相對指標的意義

在實際工作中，無論我們要比較現象的數量多少、力量的強弱，還是要評價生產效率的高低、質量的好壞，或是要反應現象變化的程度、現象之間的關係，都離不開

對比分析。在各種數量分析方法中，對比分析方法是最簡單的，但也是應用最廣泛的統計分析方法。

相對指標也稱為相對數，是兩個有聯繫的指標數值對比的比率，用以說明現象的發展程度、比例關係、構成狀況等。大多數相對數是由具有相同計量單位的兩個同類數值相除求得，用無名數表示。無名數是一種抽象化的、無量綱的數，有系數、倍數、成數、番數、百分數、千分數。

系數和倍數是將對比的基數抽象為 1 而計算的相對數，習慣上當分子和分母的值相差不大時，稱之為系數，如標準實物產量的換算系數等；如果分子的數值比分母大得多時，則稱之為倍數。成數是將對比的基數抽象為 10 的比率。將對比的基數抽象為 100，則稱之為百分數。如計劃完成程度、比重、發展速度等用百分數表示。千分數是將基數抽象為 1,000，當分子比分母小得多時用千分數表示，如人口出生率、死亡率。當分子比分母大很多時，可以用番數表示，翻 n 番就相當於對比基數的 2^n 倍。中共十七大制定的經濟發展戰略目標是到 2020 年中國人均國內生產總值比 2000 年翻兩番，即 2020 年人均國內生產總值要達到 2000 年的 4 倍。

除了大多數相對數用無名數表示以外，有個別相對數用名數表示，而且是復名數，即是以分子分母的計量單位共同構成計量單位，如人口密度用「人/平方公里」表示，商業網的密度用「個/萬人」表示，企業職工的動力裝備程度用「千瓦/人」表示。

在實際工作中經常用百分點、千分點，它們與百分數、千分數的含義是不同的。在對比分析中將兩個百分數或千分數之差稱為百分點或千分點。也就是說，百分點或千分點說明的是以百分數或千分數形式表示的兩個相對數相差的幅度。例如 2014 年年末城鎮登記失業率由上年的 4.05% 上升為 4.09%，即可說上升了 0.04 個百分點；2014 年中國人口自然增長率由 2013 年的 4.92‰ 上升為 5.21‰，上升了 0.29 個千分點。

(二) 相對數的作用

(1) 相對數可以反應現象之間或現象內部的數量對比關係。例如通過計算國內生產總值中各次產業所占的比重，分析中國產業結構是否合理等。

(2) 相對數可以使一些不能直接對比的現象能夠進行比較。如用利潤總額指標對兩個不同行業、規模的企業的經濟效益進行高低比較，就缺乏可比性，因為利潤總額要受企業規模大小、資金占用量的多少等的影響。但若將利潤總額與投入的總成本對比、與資金占用額進行比較，所得的兩個企業的總成本利潤率、資金利潤率，就可以作為評價經濟效益的依據。

(3) 相對數是進行宏觀調控和企業經營管理的重要工具。國民經濟的結構是否合理、發展是否平衡等，要通過相對數來進行分析；一個企業的生產質量的高低、經濟效益的好壞也要用相對數來反應。

(三) 常用的相對指標

在社會經濟活動分析中，運用相對數來進行對比分析的方法很多。根據分析目的和比較基準的不同來劃分，常用的相對指標主要以下六種：

1. 結構相對指標

結構相對數是在統計分組的基礎上，將總體的某一部分數值與總體全部數值對比的比值，其計算公式為：

$$結構相對數 = \frac{總體的部分數值}{總體的全部數值} \times 100\% \tag{3.1}$$

結構相對數必須在分組的基礎上計算，各組的結構相對數之和為100%。

結構相對數的主要作用是反應總體內部結構和分佈狀況。通過觀察總體結構在時間上的變化，可以說明現象總體性質的變化，揭示現象由量變到質變的變化過程和規律性。例如表3-1是中國2000—2007年國內生產總值及從業人員構成表，表中的數值可以反應出中國國民經濟的產業結構及其變化。

表 3-1　　中國國內生產總值與從業人員的構成　　單位:%

年 份	國內生產總值構成			從業人員構成		
	第一產業	第二產業	第三產業	第一產業	第二產業	第三產業
2006	11.1	47.9	40.9	42.6	25.2	32.2
2007	10.8	47.3	41.9	40.8	26.8	32.4
2008	10.7	47.4	41.8	39.6	27.2	33.2
2009	10.3	46.2	43.4	38.1	27.8	34.1
2010	10.1	46.7	43.2	36.7	28.7	34.6
2011	10.0	46.6	43.4	34.8	29.5	35.7
2012	10.1	45.3	44.6	33.6	30.3	36.1
2013	10.0	43.9	46.1	31.4	30.1	38.5

資料來源:《2014中國統計年鑒》。

不同的總體結構決定了總體的性質和類型。在宏觀經濟分析中還可以根據一個國家、地區人口的年齡結構判斷人口再生產的類型是增長型、穩定型還是減少型；計算食品支出額在消費支出總額中的比重即恩格爾系數，可以反應居民的生活水平的高低；計算企業各個文化程度的職工占全部職工的比重，可以分析企業職工的文化程度構成，瞭解員工素質情況。

此外，一些結構相對數還可以直接說明工作質量好壞，如產品合格品率；反應經濟實力和競爭能力的強弱，如人均國內生產總值；衡量工作效率和經濟效益的高低，如資金利稅率等。

2. 比例相對指標

比例相對數是在統計分組的基礎上，將總體不同部分數值對比的比值，其計算公式是：

$$比例相對數 = \frac{總體中某一部分數值}{總體中另一部分數值} \tag{3.2}$$

在社會經濟活動分析中經常利用比例相對數來分析一些重要比例關係。如人口性別比例、農輕重的比例、投資和消費的比例、企業職工中生產工人與管理人員的比

例等。

比例相對數反應一種結構性比例關係。因而比例相對數與結構相對數的作用基本相同。若總體內部的結構合理，則各個部分的比例也就恰當。兩者的區別在於對比的基礎不同。

3. 比較相對指標

比較相對數是將不同單位、地區或國家的同類指標數值進行對比的比值，其計算公式是：

$$比較相對數 = \frac{甲空間某類現象的數值}{乙空間同類現象的數值} \tag{3.3}$$

該指標的分子和分母可以互換。例如2013年中國農村居民人均純收入低收入戶為2,583.2元，最高收入戶為21,272.7元，最高收入組為最低收入組的8.235倍，或者說最低收入組只相當於最高收入組的12.14%。

進行比較分析時，對比的標準根據不同的研究目的和要求來確定。如將中國與美國、印度的人均國內生產總值進行比較，說明中國分別與發達國家和其他發展中國家經濟實力的差距。又如，在微觀分析中，常常與同類企業、本行業的先進水平對比，以發現本企業與其他企業、與先進水平的差距。通過比較分析找差距、挖潛力、定措施，為企業提高經營管理水平提供依據。

4. 動態相對指標

動態相對數在實際工作中稱為發展速度，是同一總體的同一指標在不同時間的數值進行對比的比值。其計算公式為：

$$動態相對數（發展速度）= \frac{報告期水平}{基期水平} \times 100\% \tag{3.4}$$

作為比較標準的時期稱為基期，所研究的時期稱為報告期。

例如，中國城鎮居民人均可支配收入2013年為26,955.1元，2012年為24,564.7元，2013年為上年的109.73%，即比上年增長9.73%。

進行動態分析時，根據統計研究任務和所要說明的問題不同，可以選擇不同的基期。發展速度在實際工作中應用很廣泛，將在第六章專門介紹。

5. 計劃完成相對指標

計劃完成相對數是將某一現象的實際完成數與計劃任務數對比的比值。其計算公式為：

$$計劃完成相對數 = \frac{實際完成數}{計劃任務數} \times 100\% \tag{3.5}$$

計算和應用計劃完成相對數時應注意幾個問題：

（1）衡量計劃完成的程度應該以計劃數作為比較的標準，因此，計劃完成相對數的分子和分母不能互換。

（2）若計劃任務數是按提高率或降低率規定的，則計算計劃完成相對數時分子和分母都應該包含基數（100%），不能直接用提高率或降低率來計算。此時其計算公式可寫為：

$$計劃完成相對數 = \frac{100\% \pm 實際增減率}{100\% \pm 計劃增減率} \times 100\% \qquad (3.6)$$

公式（3.6）的分子和分母中100%代表基數，若實際數和計劃數是提高率，則式中的「±」取「+」；若實際數和計劃數是降低率，則式中的「±」取「－」。

（3）在分析長期計劃（如五年、十年計劃）的完成情況時，若計劃任務數是規定計劃期末應達到的水平，則實際完成數和計劃任務數都是整個計劃期最末一年的水平；若計劃任務數是規定全期應完成的總量，則用整個計劃期實際完成的累計數和計劃規定的總數對比來計算計劃完成相對數。要監督計劃執行的進度，檢查計劃完成的均衡性，分子可以是計劃期內某一段時間的實際累計完成數，分母是全期計劃任務數。其計算公式為：

$$計劃執行進度 = \frac{自計劃執行之日至檢查之日實際完成累計數}{全期計劃任務數} \times 100\% \qquad (3.7)$$

（4）計劃完成相對數為100%表示剛好完成計劃，但何種情況表示超額完成計劃，要視指標的性質而定。對於正指標，如產值、利潤、勞動生產率等，其數值越大越好，計劃完成相對數大於100%表示超額完成了計劃，大於100%的部分即為超額完成計劃的部分；對於逆指標，如商品流通費用率、單位成本等，計劃完成相對數低於100%表示超額完成計劃。

【例3－1】某企業計劃實現利潤8,000萬元，勞動生產率提高8%，產品單位成本降低5%；實際執行結果，利潤達到8,400萬元，勞動生產率提高了10%，產品單位成本下降了3%。試分析利潤、勞動生產率和產品單位成本計劃完成情況。

$$利潤計劃完成百分數 = \frac{8,400}{8,000} \times 100\% = 105\%$$

$$勞動生產率計劃完成百分數 = \frac{100\% + 10\%}{100\% + 8\%} = 101.85\%$$

$$產品單位成本計劃完成百分數 = \frac{100\% - 3\%}{100\% - 5\%} = 102.11\%$$

計算結果表明，該企業利潤超額5%完成計劃，勞動生產率超額完成計劃1.85%，產品單位成本沒有完成計劃，差2.11%完成計劃。

6. 強度相對指標

強度相對數將兩個性質不同而有聯繫的現象的數值對比的比值。其計算公式是：

$$強度相對數 = \frac{某一現象的數值}{另一有聯繫現象的數值} \qquad (3.8)$$

強度相對數的主要作用有：

（1）反應一個國家、地區、部門的經濟實力的強弱。如將一些經濟總量與人口數對比，計算的人均國內生產總值、人均鋼產量、人均糧食產量等。

（2）反應現象的密度、普遍程度和社會服務程度，如人口密度（人口數/國土面積）、商業網的密度（零售商業機構數/地區人口數）、醫院或病床的密度（醫院數或病床數/地區人口數）等。

（3）反應經濟效益的高低。如資金利稅率（利稅總額/平均資金占用額）、商品流

轉次數（商品銷售額/同期商品平均庫存額）、投資效果系數（一定時期的產出增加額/引起這一增加的投資額）等。

此外，強度相對數還可以用於反應現象之間相互依存和關聯程度。如外貿依存度（對外貿易總額與GDP之比）、金融相關度（金融資產總量與國內生產總值之比）、能源消耗彈性系數（能源消耗增長率與國內生產總值增長率之比）等。

由於強度相對數是兩個不同性質的現象的數值對比的比值，因此有些強度相對數採用複合單位表示，例如人口密度用「人/平方公里」，也有一些強度相對數用百分數或千分數表示，如資金利稅率、商品流通費用率用百分數表示，人口死亡率用千分數表示。

有的強度相對數的分子和分母可以互換，由此有正指標和逆指標之分。正指標的數值越大越好，逆指標的數值越小越好。如醫院數與人口數（萬人）之比是正指標，說明每萬人擁有的醫院數，數值越大表明醫療保健程度越高；人口數與醫院數之比則是逆指標，說明每個醫院服務的人數，數值越小表明醫療保健程度越高。

有些強度相對數含有「平均」的字樣，但究其性質，強度相對數與統計平均數是有區別的。

(四) 計算和應用相對數據應注意的問題

1. 正確選擇對比基礎

選擇對比基礎必須從現象的性質、特點出發，結合研究問題的目的來確定。基礎選擇不當，就不能準確反應現象間的數量對比關係，甚至會歪曲現象間的真實聯繫。

2. 對比的數據要有可比性

可比性是能否正確反應現象間的數量關係，能否正確運用計算結果分析問題的重要條件。對比數據的可比性主要是指對比的兩個數據的內容、口徑、計算方法、範圍和條件是否與形成該相對數的要求相適應。

3. 相對數要與絕對數結合運用

相對指標是一個抽象的比率，不能反應現象之間絕對數量的差異。有些時候較小的相對數隱藏著較大的絕對數，或者相反。如中國2013年的人口自然增長率為4.92‰，這個數與很多國家相比不算高，但是13.6億人的基數，增長4.92‰就是增加近700萬人，比好多國家的總人口還多。因此進行對比分析時，往往需要既反應相對程度，又反應絕對數量差異，才能正確說明問題，達到深入分析研究的目的。

4. 多種相對數結合運用

各種相對數有不同的特點和用途，各自從不同的角度說明現象之間的數量聯繫和對比關係。要全面、深入地分析和研究問題，就必須將有關相對數結合起來，從多方面對所研究的問題進行觀察和對比分析。例如，在分析一個企業的生產經營狀況時，將該企業的利稅額和上年比較，反應其利稅增長的情況；與計劃利稅額對比，說明其利稅計劃完成程度；與同行業其他企業比較，揭示其在行業中的地位等。

第二節　平均指標

一、平均指標的意義

總體各單位數據客觀上存在著差異。統計規律表明，對絕大多數現象而言，較大或較小的統計數據出現的頻率比較小，大多數統計數據都集中在中間區域。反應現象集中趨勢的指標就是平均指標，常常稱為平均數。

平均指標是反應現象在一定時間、地點、條件下一般水平的綜合指標。平均指標具有三個要點：第一，它是對總體間數量差異的抽象化；第二，它是說明總體綜合數據特徵的一般水平，是一個代表值；第三，只代表現象在一定時間、地點、條件下一般水平。

平均數可以消除因總體範圍不同而帶來的總量數據差異，使不同規模的總體數據具有可比性；與統計分組結合運用，可以分析現象之間的相互依存關係；平均數還是統計推斷的一個重要數據。

平均數歸納起來有兩大類：一類是數值平均數，它是根據全部數值計算得到的代表值；另一類是位置平均數，它是根據數據所處位置直接觀察或根據與所處位置有關的部分數據計算確定的代表值。

二、平均指標的種類

（一）數值平均數

1. 算術平均數

算術平均數的基本計算公式是：

$$\text{算術平均數} = \frac{\text{總體標誌總量}}{\text{總體單位總量}} \tag{3.9}$$

根據掌握的變量值情況，算術平均數的計算方法分為簡單算術平均法和加權算術平均法。

（1）簡單算術平均法。

簡單算術平均法是指在統計數據未分組的情況下，將各個數據直接相加除以數據的個數計算平均數。這樣計算的平均數稱為簡單算術平均數。若以 $x_1, x_2, \cdots, x_n$ 表示變量值，x 表示平均數，則簡單算術平均數的計算式[①]為：

$$\bar{x} = \frac{\sum_{i=1}^{n} x_i}{n} = \frac{\sum x}{n} \tag{3.10}$$

如某小組 10 個學生的數學考試成績分別為 80、72、84、88、75、73、90、78、

---

① 在不引起混淆的情況下，可以把下標省去。

92、85 分。則該小組成績的均值為：

$$\bar{x} = \frac{80+72+84+88+75+73+90+78+92+85}{10} = 81.7(分)$$

（2）加權算術平均法。

根據變量數列計算算術平均數，要用加權算術平均法，即用次數對變量值加權求平均數的方法。用加權算術平均法計算的平均數稱為加權算術平均數。所謂「加權」是指變量數列中，各個變量值出現的次數不一樣，次數出現多的變量值對平均數的影響大一些；次數出現少的變量值對平均數的影響小一些，因此對各個變量值不能等同看待。計算平均數時，必須以變量值出現的次數與變量值相乘，以權衡其輕重，這就是「加權」。變量值出現的次數或比重稱為「權數」。

若用 x_i 表示變量值，f_i 表示變量值 x_i 出現的次數，n 表示組數，$\bar{x}$ 表示算術平均數，加權算術平均數的計算公式為：

$$\bar{x} = \frac{x_1 f_1 + x_2 f_2 + \cdots + x_n f_n}{f_1 + f_2 + \cdots + f_n} = \frac{\sum xf}{\sum f} \qquad (3.11)$$

加權算術平均數也可以採用比重權數加權的形式：

$$\bar{x} = x_1 \frac{f_1}{\sum f_i} + x_2 \frac{f_2}{\sum f_i} + \cdots + x_n \frac{f_n}{\sum f_i} = \sum x \frac{f}{\sum f} \qquad (3.12)$$

不難發現，簡單算術平均數只是加權算術平均數的特例。

【例 3-2】某企業某日工人日產量資料如表 3-2 所示。試計算工人日平均產量。

表 3-2　　　　　　　　某企業某日工人日產量

日產量（件）	工人人數（人）	比重（%）
10	70	8.75
11	100	12.50
12	380	47.50
13	150	18.75
14	100	12.50
合　計	800	100.00

根據公式（3.11）工人日平均產量為：

$$\bar{x} = \frac{\sum xf}{\sum f} = \frac{10 \times 70 + 11 \times 100 + 12 \times 380 + 13 \times 150 + 14 \times 100}{70 + 100 + 380 + 150 + 100}$$

$$= \frac{9,710}{800} = 12.137,5(件)$$

或　$\bar{x} = \sum x \frac{f}{\sum f} = 10 \times 0.875 + 11 \times 0.125 + 12 \times 0.475 + 13 \times 0.185 + 14 \times 0.125$

$$= 12.137,5(件)$$

根據組距數列計算算術平均數時，應取各組的組中值作為該組的代表值用於計算。

此時，其基本假定是各組內的變量值均勻分佈，求得的算術平均數只是其真值的近似值。

【例 3－3】某班學生數學考試成績如表 3－3 所示，試計算平均成績。

表 3－3　　　　　　　　　　某班學生英語考試成績

成績(分)	組中值(分)x	學生人數(人)f	比重(%) f/∑f
60 以下	55	2	3.64
60～70	65	15	27.27
70～80	75	19	34.55
80～90	85	15	27.27
90～100	95	4	7.27
合計	－	55	100.00

根據公式（3.11）所求平均成績為：

$$\bar{x} = \frac{\sum xf}{\sum f} = \frac{55 \times 2 + 65 \times 15 + 75 \times 19 + 85 \times 15 + 95 \times 4}{2 + 15 + 19 + 15 + 4} = \frac{4,165}{55} = 75.73(分)$$

或　　$\bar{x} = \sum x \dfrac{f}{\sum f} = 55 \times 0.036,4 + 65 \times 0.272,7 + 75 \times 0.345,5 + 85 \times 0.272,7 + 95 \times 0.072,7$
$= 75.73(分)$

權數起權衡輕重的作用就體現在各組單位數占總體比重大小上面。哪一組單位數所占比重大，其變量值對算術平均數的影響就大。比重權數更清楚地說明了權數的實質。

（3）算術平均數的數學性質。

①各個變量值與其算術平均數的離差之和為零，即：

對於簡單算術平均數　　　　　　$\sum (x - \bar{x}) = 0$

對於加權算術平均數　　　　　　$\sum (x - \bar{x})f = 0$

證明如下：

$$\sum (x - \bar{x}) = \sum x - n\bar{x} = \sum x - n\frac{\sum x}{n} = 0$$

$$\sum (x - \bar{x})f = \sum xf - \sum \bar{x}f = \sum xf - \bar{x}\sum f = \sum xf - \frac{\sum xf}{\sum f}\sum f = 0$$

這條數學性質說明，平均數實際上是正的離差去抵負的離差，從而把總體各單位變量值的差異抽象掉了，因此它是一般水平值、代表值。

②各個變量值與其算術平均數的離差平方之和最小，即：

對於簡單算術平均數　　　　　　$\sum (x - \bar{x})^2 = \min$

對於加權算術平均數 $\sum (x-\bar{x})^2 f = \min$

證明如下：

設 x_0 是不等於 $\bar{x}$ 的任意數，則 $x_0 - \bar{x} = c \neq 0$

$$\sum (x-x_0)^2 = \sum [x-(\bar{x}+c)]^2 = \sum [(x-\bar{x})-c]^2$$
$$= \sum (x-\bar{x})^2 - 2c\sum (x-\bar{x}) + nc^2$$
$$= \sum (x-\bar{x})^2 + nc^2$$

因為 $c \neq 0$　　所以 $nc^2 > 0$

故　　$\sum (x-x_0)^2 > \sum (x-\bar{x})^2$

即　　$\sum (x-\bar{x})^2 = \min$

類似地可以證明 $\sum (x-\bar{x})^2 f = \min$

該數學性質充分反應了平均數是集中趨勢最好的代表值的特性，以算術平均數以外的任何數為中心，其離差都大於以平均數為中心的離差。

2. 調和平均數

計算算術平均數，有時只掌握了各組變量值和各組變量值之和的資料，為了符合基本公式，應該首先經過除法運算求得分母數據，再計算平均數。這樣計算平均數的方法稱為調和平均法，得到的平均數稱為調和平均數。

實際應用中，調和平均數通常是作為加權算術平均數的變形來使用的。應用加權算術平均法時，當掌握了基本公式的分子（標誌總量）而分母（總體單位總量）未知時，就應該採用加權調和平均數的公式。其關係可表示為：

$$\bar{x} = \frac{\sum xf}{\sum f} = \frac{\sum (xf)}{\sum \frac{1}{x}(xf)} \tag{3.13}$$

【例3-4】根據表3-4資料欄數據計算工人平均日產量。

表3-4　　　　　　　　某企業某日工人日產量

日產量(件)x	日總產量(件)xf	工人人數(人)f = xf/f
10	700	70
11	1,100	100
12	4,560	380
13	1,950	150
14	1,400	100
合　計	9,170	800

（資料欄）　　　　　　　　　　（計算欄）

$$\bar{x} = \frac{\sum xf}{\sum \frac{xf}{x}} = \frac{700+1,100+4,560+1,950+1,400}{\frac{700}{10}+\frac{1,100}{11}+\frac{4,560}{12}+\frac{1,950}{13}+\frac{1,400}{14}} = \frac{9,710}{800} = 12.137,5(件)$$

如果計算相對數的平均數，則應符合所要求的相對數本身的公式，將分子視為總體標誌總量，將分母視為總體單位總量，視掌握資料的情況採用算術平均法或調和平均法。

【例 3－5】某工業公司 18 個工業企業產值計劃完成程度分組資料如表 3－5 所示，試計算 18 個工業企業產值平均計劃完成程度。

表 3－5　　　　　某工業公司 18 個工業企業產值計劃完成程度資料

計劃完成程度 (%)	組中值 (%) x	企業數 (個)	計劃產值 (萬元) f	實際產值 (萬元) xf
80～90	85	2	800	680
90～100	95	3	2,500	2,375
100～110	105	10	17,200	18,060
110～120	115	3	4,400	5,060
合　計	—	18	24,900	26,175

計劃完成相對數的計算公式是實際完成數與計劃任務數之比，因此，平均計劃完成程度的計算只能是所有企業的實際完成數與其計劃任務數之比，不能把各個企業的計劃完成百分數簡單平均。

如果已知表 3－5 的產值計劃完成程度和計劃產值，則應該先計算實際產值，即：

$$\text{平均產值計劃完成程度 } \bar{x} = \frac{\text{實際總產值}}{\text{計劃總產值}} = \frac{\sum xf}{\sum f} = \frac{26,157}{24,900} = 105.12\%$$

如果已知表 3－5 的產值計劃完成程度和實際產值，則應該先求計劃產值，即：

$$\text{平均產值計劃完成程度 } \bar{x} = \frac{\text{實際總產值}}{\text{計劃總產值}} = \frac{\sum xf}{\sum \frac{1}{x}xf} = \frac{26,175}{24,900} = 105.12\%$$

3. 幾何平均數

幾何平均數是 n 個變量值乘積的 n 次方根，常用於總量等於各個數據之積的現象求平均數，例如發展速度、某些比率變量的平均。幾何平均數記作 $\bar{x}_G$。幾何平均也分為簡單幾何平均和加權幾何平均兩種方法。

簡單幾何平均數的計算公式為：

$$\bar{x}_G = \sqrt[n]{x_1 \cdot x_2 \cdots x_n} = \sqrt[n]{\prod_{i=1}^{n} x_i} \tag{3.14}$$

式（3.14）中：x_i 為變量值，$i = 1,2,3,\cdots,n$；$\prod$ 為連乘符號。

加權幾何平均數的計算公式為：

$$\bar{x}_G = \sqrt[\sum f]{x_1^{f_1} x_2^{f_2} \cdots x_n^{f_n}} = \sqrt[\sum f]{\prod_{i=1}^{n} x_i^{f_i}} \tag{3.15}$$

式（3.15）中：f_i 為各個變量值出現的次數（或權數），$i = 1,2,3,\cdots,n$。

例如某流水生產線有前後銜接的四道工序。某日各工序產品的合格率分別為 95%、

92%、94%、98%，則整個流水生產線產品的平均合格率為：

$$\bar{x}_G = \sqrt[4]{0.95 \times 0.92 \times 0.94 \times 0.98} = 94.73\%$$

使用 Excel 的函數功能可根據原始數據計算各種數值平均數。若原始數據位於單元格 A1 至 A8，在空白單元格中輸入「＝AVERAGE（A1：A8）」，回車即可得到這些原始數據的算術平均數。同理，輸入「＝HARMEAN（A1：A8）」可得到調和平均數。輸入「＝GEOMEAN（A1：A8）」可得到幾何平均數。

（二）位置平均數

位置平均數是根據數據在分佈數列中所處的位置來確定的一種集中趨勢代表值。位置平均數不是根據所有的變量值來計算的，因此它不受極端值的影響。

1. 眾數

眾數是指總體中出現次數最多的數據。如集市貿易上某種商品大多數的成交價格、大多數消費者所需要的服裝和鞋帽尺寸、大多數家庭的人口數等，都是眾數。在總體單位數多且有明顯集中趨勢時，計算眾數既方便且意義明確。如果總體單位數少，或雖多但無明顯集中趨勢，就不存在眾數。當分佈數列中有兩個或多於兩個數據的次數都比較集中時，就可能有兩個或多個眾數，如圖 3－1 所示。

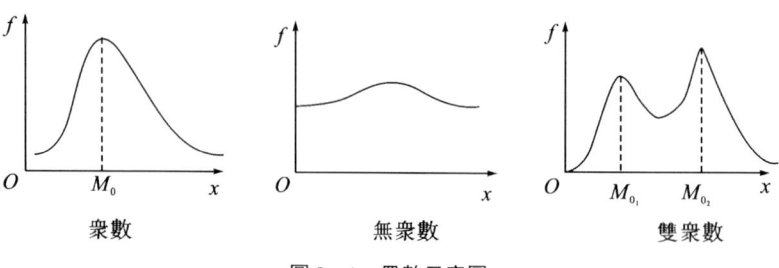

圖 3－1　眾數示意圖

根據未分組數據或單變量分組數據確定眾數時，只需找出出現次數最多的數據即眾數。對於組距分組數據，眾數通常用下面的公式近似計算[1]：

$$M_0 = L + \frac{\Delta_1}{\Delta_1 + \Delta_2} \times i \qquad (3.16)$$

上式中：M_0 為眾數；L 為眾數組的下限值；U 為眾數組的上限值；Δ_1 為眾數組次數與下一組次數之差；Δ_2 為眾數組次數與上一組次數之差；i 為眾數組的組距。

【例 3－6】根據表 3－3 的數據計算英語成績的眾數。

從表 3－3 的數據可以看出，出現頻數最多的是 70～80 分，共有 19 人，即眾數組為 70～80 分這一組。根據公式（3.16）可得英語成績的眾數：

$$M_0 = 70 + \frac{19 - 15}{(19 - 15) + (19 - 15)} \times 10 = 75(分)$$

計算表明，若眾數組前一組的次數與後一組的次數相等，則眾數等於眾數組的組

---

[1] 本章只介紹下限公式，中位數也如此。

中值。

2. 中位數

中位數是指將各單位的數據按大小順序進行排列後，處於中間位置的那個數據。由於位置居中，因此它把數列中的全部標誌值分成相等的兩部分，一半數值小於它，一半數值大於它。

若有 n 項數據，中位數所在的位置即中位點是 $\frac{n+1}{2}$。對於未分組資料，當 n 為奇數時，中位數就是處在中間位置的數據；當 n 為偶數時，中位點在兩個數據之間，中位數是這兩個數據的簡單算術平均數。例如，8 位同學的成績按從低分到高分排列為：72、73、75、78、80、84、88、90，則其成績的中位數為 79 分。

對於組距數列，可根據下列公式計算中位數：

$$M_e = L + \frac{\frac{\sum f}{2} - S_{m-1}}{f_m} \times i \tag{3.17}$$

上式中：M_e 為中位數，L 為中位數所在組的下限，S_{m-1} 為向上累計至中位數所在組以前的次數，f_m 為中位數所在組的次數，$\sum f$ 為總次數，i 為中位數所在組的組距。

【例 3-7】根據表 3-3 計算中位數。

由 $\frac{\sum f}{2} = \frac{55}{2} = 27.5$ 可斷定中位數落在 70~80 分這一組內。

根據公式（3.17）得：

$$M_e = L + \frac{\frac{\sum f}{2} - S_{m-1}}{f_m} \times i = 70 + \frac{27.5 - 17}{19} \times 10 = 75.53(分)$$

（三）位置平均數與算術平均數的比較

眾數和中位數是從數據分佈形狀及位置角度來考慮的集中趨勢代表值，而均值是經過對所有數據計算後得到的集中趨勢值。顯然，這三個代表值的不同特點決定了在實際應用中要根據不同的研究目的和不同的數據特徵來選擇適當的集中趨勢值。

1. 眾數、中位數和算術平均數的關係

從鐘形分佈的角度看，眾數是一組數據分佈的最高峰值，中位數是處於一組數據中間位置上的值，而均值則是全部數據的算術平均。因此，對於同一組數據的眾數、中位數和均值，三者之間具有以下關係：如果數據呈現對稱的鐘形分佈，則眾數、中位數、均值相等，即 $M_0 = M_e = \bar{x}$。如果一組數據中存在極端值，則頻數分佈就會產生偏斜（偏態的測度見本章第三節）。當頻數分佈右偏時，說明數據中存在極大值，必然拉動均值向極大值一方靠，而眾數和中位數由於是位置代表值，不受極值的影響，因此有 $M_0 < M_e < \bar{x}$；當頻數分佈左偏時，說明數據中存在極小值，必然拉動均值向極小值一方靠，則有 $M_0 > M_e > \bar{x}$。上述關係如圖 3-2 所示。從圖 3-2 可以看出，不論是左偏分佈或右偏分佈，中位數總居於均值與眾數之間。

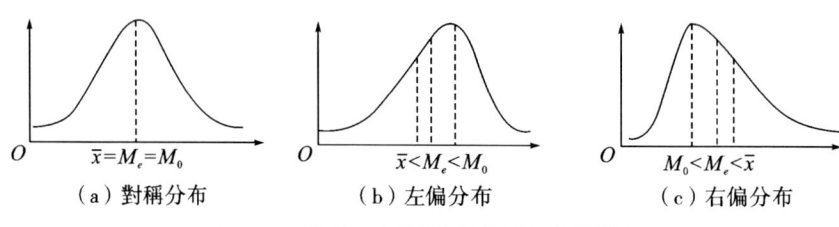

（a）對稱分布　　　　（b）左偏分布　　　　（c）右偏分布

圖 3－2　眾數、中位數與算術平均數的關係

2. 眾數、中位數與均值的特點和應用條件

眾數、中位數和均值各有其用和局限，要根據研究目的和這三個數量特徵值的特點靈活運用。

眾數是一組數據分佈的峰值，是一種位置代表值，不受極端數值的影響。而數據的分佈具有明顯的集中趨勢時，尤其是對於偏態分佈，眾數的代表性比均值好。其缺點是不具有唯一性，一組數據可能有一個眾數，也可能沒有眾數，也可能有多個眾數。

中位數是一組數據中間位置上的代表值，與中位數類似的還有四分位數、十分位數和百分位數等，它們均為位置代表值。其特點是不受數據極端值的影響，對於具有偏態分佈的數據，中位數的代表值比均值好。其缺點是不宜作進一步的數學計算。

均值是根據全部數據計算的，它具有優良的數學性質，是實際中應用最廣泛的集中趨勢測度值。其主要缺點是易受數據中極端值的影響，且對於偏態分佈的數據，均值的代表性較差。

（四）計算和應用平均指標應注意的問題

1. 應用平均指標的基本原則

注意社會經濟現象的同質性，是應用平均指標的基本原則。只有在同質總體的基礎上計算和應用平均指標，才有真實的社會經濟意義。如果根據不同性質總體的數據資料計算平均指標，就會掩蓋事物的本質差別，得到的平均數是虛構的平均數，不能真實反應現象的一般水平。

2. 平均指標與統計分組相結合

平均指標反應了總體各單位某一數量標誌值的一般水平，但卻掩蓋了各組之間的差異。總體各組之間及各組之內的差異往往影響總體的特徵和分佈規律，各組結構變動也會對總體變動產生影響。為了全面認識總體的特徵和分佈規律，需要將平均指標與統計分組結合起來，用組平均數和分佈數列補充總平均數。

3. 平均指標與變異指標[①]相結合

平均指標和變異指標是反應總體分佈的兩個重要特徵值。為了全面描述總體分佈的特徵，必須將平均指標與變異指標結合使用。用變異指標衡量平均指標的代表性，說明平均指標反應總體一般水平的有效程度，使分析結論更確切、更可靠。

---

① 見本章第 3 節。

第三節　變異指標

一、變異指標的概念和作用

　　變異指標是反應數據差異程度的綜合指標，又稱為標誌變動度。集中趨勢只是數據分佈的一個特徵，它所反應的是各變量值向其中心值聚集的程度。平均指標反應總體數量集中趨勢的同時，掩蓋了數據之間的數量差異。而各變量值之間的差異狀況如何呢？這就需要考察數據的分散程度。數據的分散程度是數據分佈的另一個重要特徵，它所反應的是各變量值遠離其中心值的程度，因此也稱為離中趨勢。變異指標則說明數據的分散程度。

　　平均指標是對數據水平的一個概括性度量，它對一組數據的代表程度，取決於該組數據的離散水平。數據的離散程度越大，平均指標對該組數據的代表性就越差；離散程度越小，其代表性就越好。而離中趨勢的各測度值就是對數據離散程度所作的描述。

　　描述數據離散程度的變異指標主要有極差、平均差、方差和標準差以及離散系數等。

二、變異指標的種類及計算

（一）極差

　　極差又稱為全距，它是指所研究的數據中最大值與最小值之差。極差表示數據的變動範圍，通常以 R 表示：

$$R = x_{max} - x_{min} \tag{3.18}$$

對於組距數列，極差也可以近似表示為：

R = 最大組上限 − 最小組下限

　　用極差反應總體分佈的離散程度雖然簡便，但它只從兩端數值考察，忽略了中間數據的變動情況，不能說明整體的差異程度，尤其是存在極端值情況下，使用極差往往會造成錯誤的結論。

（二）平均差

　　平均差是總體中各個標誌值對其算術平均數的離差絕對值的算術平均數，用 AD 表示。由於考慮了數列中各項標誌值變動的影響，因而它克服了極差的不足，能夠全面反應所研究總體的平均差異程度。

　　由於各標誌值與其算術平均數的離差之和等於零，因此各項離差的平均數也等於零。在計算平均離差時，為了避免正負離差相互抵消，先取離差的絕對值，再求離差絕對值的平均數，即平均差是平均絕對離差的簡稱。

　　根據所掌握的資料不同，平均差有簡單算術平均式和加權算術平均式兩種。

如果掌握的是未分組的資料，就可採用簡單算術平均法。其計算公式為：

$$AD = \frac{\sum |x - \bar{x}|}{n} \tag{3.19}$$

如果掌握的資料是經過加工整理的分組資料時，就需要採用加權算術平均法。其計算公式為：

$$AD = \frac{\sum |x - \bar{x}|f}{\sum f} \tag{3.20}$$

平均差反應了各個數據與其平均數差異的一般水平，較充分地反應了數據之間的離散程度。但它需要取絕對值，這給應用帶來一定的局限。因此統計實踐中，方差和標準差應用得比較多。

(三) 標準差和方差

標準差又稱均方差，它是總體中各單位標誌值與其算術平均數離差平方的平均數的平方根，通常用 σ 表示。標準差是各項離差的平均數，但在數學處理上，本身採用取絕對值或採用平方的方法以避免正負離差相互抵消，在進一步的計算中具有數學上的優越性。標準差的平方稱為方差，通常用 σ^2 表示。

如果所掌握的資料未經過分組，就採用簡單平均法計算標準差；如果所掌握的是分組資料，則須採用加權平均法計算標準差。

$$\sigma = \sqrt{\frac{\sum (x - \bar{x})^2}{n}} \tag{3.21}$$

$$\sigma = \sqrt{\frac{\sum (x - \bar{x})^2 f}{\sum f}} \tag{3.22}$$

【例 3.8】根據例 3-3 的數據計算成績的平均差、方差及標準差。

表 3-6　　　　　某班學生英語成績的平均差和標準差計算表

成績（分）	組中值 x	學生人數 f	$|x - \bar{x}|$	$|x - \bar{x}|f$	$(x - \bar{x})^2$	$(x - \bar{x})^2 f$
60 以下	55	2	20.73	41.46	429.732,9	859.465,8
60~70	65	15	10.73	160.95	115.132,9	1,726.993,5
70~80	75	19	0.73	13.87	0.532,9	10.125,1
80~90	85	15	9.27	139.05	86.932,9	1,288.993,5
90~100	95	4	19.27	77.08	371.332,9	1,485.331,6
合計	——	55	——	432.41	——	5,370.909,5

解：$AD = \dfrac{\sum |x - \bar{x}|f}{\sum f} = \dfrac{432.41}{55} = 7.86(分)$

$\sigma^2 = \dfrac{\sum (x - \bar{x})^2 f}{\sum f} = \dfrac{5,370.909,5}{55} = 97.65$

$$\sigma = \sqrt{\frac{\sum(x-\bar{x})^2 f}{\sum f}} = \sqrt{\frac{5,370.909,5}{55}} = 9.88(分)$$

計算結果表明，從平均差看，平均說來，該班每個學生的成績與平均成績相差 7.86 分；從標準差看，平均說來，該班每個學生的成績與平均成績相差 9.88 分。一般說來，對於同一資料，標準差要大於平均差。

同時，方差和標準差具有如下數學性質：

(1) 若每一個變量值加上一個常數，方差和標準差不變，且設 a 為任意常數，$y_i = x_i + a$，則有：

$\sigma_y^2 = \sigma_x^2$，　　$\sigma_y = \sigma_x$

(2) 若每一個變量值均擴大一個常數倍 a，方差是 a 的平方，標準差同比例變化，且設 a 為任意常數，$y_i = ax_i$，則有：

$\sigma_y^2 = a^2 \sigma_x^2$，　　$\sigma_y = |a|\sigma_x$

(3) 分組條件下，總方差可以分解成組內方差的平均數 $\overline{\sigma^2}$ 和組間方差 δ^2 兩部分，即：

$\sigma^2 = \overline{\sigma^2} + \delta^2$

組內方差的平均數是各組方差 σ_i^2 的加權平均數：

$$\overline{\sigma^2} = \frac{\sum \sigma_i^2 f_i}{\sum f_i}, \quad \sigma_i^2 = \frac{\sum_{j=1}^{f_i}(x_{ij}-\bar{x}_i)^2}{f_i}, \quad \bar{x}_i = \frac{\sum_{j=1}^{f_i} x_{ij}}{f_i}$$

組間方差是各組平均數的方差：

$$\delta^2 = \frac{\sum_{i=1}^{n}(\bar{x}_i - \bar{x})^2 f_i}{\sum_{i=1}^{n} f_i} \quad (i \text{ 是組數})$$

(4) 同一數列的標準差一般不小於平均差，即 $\sigma \geq AD$。一般說來，標準差比平均差具有更高的靈敏度。

(四) 離散系數

上述全距、平均差和標準差都是反應標誌變異的絕對指標，與平均數有相同的計量單位。它們反應的變異程度大小，不僅取決於統計數據的離散程度，還取決於這些統計數據一般水平的高低。當我們比較具有不同水平的數列的變異程度時，一般不能直接用標誌變異絕對指標，而應該用標誌變異的相對指標即離散系數。離散系數等於標誌變異的絕對指標與平均數的比值。其意義是單位平均數上的差異，離散系數小，表明標誌變異程度小，平均數的代表性就高，反之則反。

在統計分析中最常用的離散系數是標準差系數，計算公式為：

$$V_\sigma = \frac{\sigma}{\bar{x}} \tag{3.23}$$

【例3.9】某班級學生平均身高和平均體重資料如下，試比較平均身高和平均體重代表性的大小。

表3-7　　　　　某班級學生平均身高和平均體重

指標	算術平均數	標準差
身高（cm）	172	6
體重（kg）	60	4

由於身高和體重的算術平均數不等，且計量單位也不同，因此無法對平均身高和平均體重的代表性進行比較，還必須結合其各自的算術平均數進一步計算標準差系數。

身高的標準差系數為：$V_\sigma = \dfrac{\sigma}{\bar{x}} = \dfrac{6}{172} = 0.035$

體重的標準差系數為：$V_\sigma = \dfrac{\sigma}{\bar{x}} = \dfrac{4}{60} = 0.067$

計算結果表明平均身高的代表性好於平均體重。

第四節　利用 Excel 計算數據分佈特徵指標

利用 Excel 計算各個描述統計指標，可以使用「工具」菜單下面的「數據分析」中的「描述統計」宏。它可以同時計算出描述數據分佈的集中趨勢、離中趨勢和分佈形態的各種主要指標。下面利用「描述統計」宏來計算中國2013年年底31個省市自治區城鄉居民人民幣儲蓄年末餘額（億元）的特徵值。

通過「工具—數據分析—描述統計」進入「描述統計」[①] 過程的菜單。在「輸入區域」輸入數據所在單元格區域（如本例中的「B2：B32」），指定「輸出區域」（如C7），選擇「匯總統計」和其他選項，如圖3-3所示，然後按「確定」，即得到描述統計結果，如圖3-4所示。

從輸出結果可以看出，2013年年末中國31個省市自治區城鄉居民人民幣儲蓄年末餘額的均值為為14,406.558,71億元、中位數為11,847.3億元，眾數不存在；儲蓄存款餘額最高的是49,891.3億元（廣東省），最低的是496億元（西藏自治區）；平均說來，每一個省市自治區城鄉居民消費水平約相差10,889.3億元。若要計算總體的標準差和方差，可以利用 Excel 的函數功能來實現，它們的函數名分別為 STDEVP 和 VARP。如圖3-3的數據，可用「=STDEVP(A1:A55)」得到總體標準差，用「=VARP（A1:A55）」得到總體方差。

---

① 如果「工具」中沒有「數據分析」，請先在「工具」菜單中選擇「加載宏」，並在「加載宏」選項中追加「分析工具庫」，確定後重新進入「工具」菜單，「數據分析」宏過程將被加載出來。

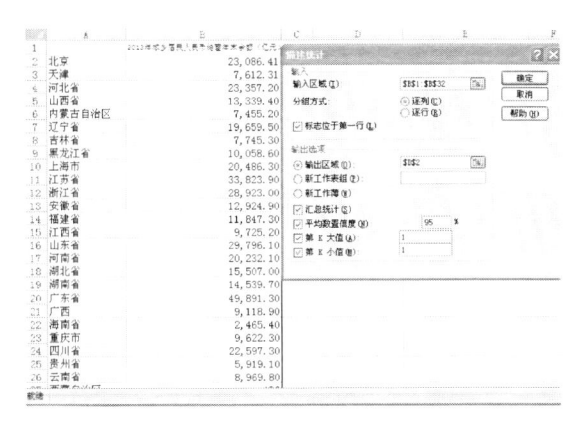

圖 3-3　Excel 的描述統計的操作選項　　圖 3-4　Excel 的描述統計結果①

本章小結

（1）總量指標是說明現象總規模和總水平的數值，又稱為絕對數。絕對數的計量單位有實物單位和價值量單位。按反應的總體內容不同，總量指標可分為總體單位總量和總體標誌總量；按反應的時間狀況不同，總量指標可分為時期數值和時點數值。

（2）相對指標是兩個有聯繫的數值對比的比率，說明現象的數量對比關係。大多數相對數都用無名數表示，只有個別相對數用名數表示。根據研究目的和對比基礎的不同，相對數有不同的種類：結構相對數、比例相對數、計劃完成相對數、比較相對數、動態相對數和強度相對數。

（3）由於相對數是個抽象的比率，所以計算和應用相對數一定要正確選擇對比的標準、保證兩個對比數值具有可比性、與絕對數結合應用、與多種相對數結合運用。

（4）集中趨勢主要通過數值平均數和位置平均數來測度。數值平均數包括算術平均數、調和平均數和幾何平均數。位置平均數包括眾數和中位數。算術平均數與眾數、中位數結合運用，可以詳細描述數據分佈的特徵。

（5）離中趨勢通過變異指標來測度。變異指標又稱標誌變動度指標，描述各單位間標誌值差異程度，主要包括極差、平均差、方差、標準差和變異系數。

（6）利用 Excel 計算以上統計指標有兩種方法：一是統計函數法；二是「描述統計」宏。

---

① 在這裡 Excel 把數據作為樣本進行處理。標準差和方差分別是指修正的樣本標準差和方差。標準誤差是指抽樣平均誤差。置信度（95.0%）是指置信度為 95% 時對應的抽樣誤差範圍。

思考題與練習題

3-1 什麼是時期指標和時點指標？各有何特點？

3-2 百分比與百分點的區別是什麼？

3-3 強度相對數與其他相對數的主要區別是什麼？

3-4 什麼是數據分佈的集中趨勢？集中趨勢的測度值有哪些？

3-5 什麼是數據分佈的離中趨勢？離中趨勢的測度值有哪些？

3-6 簡述眾數、中位數和均值的特點和應用場合。

3-7 某企業在年終分析報告中寫道：「我廠今年計劃實現增加值8,000萬元，實際完成了9,000萬元，超額完成計劃12.5%；銷售利潤率計劃達到12%，實際達到15%，超額完成計劃3%；產品成本計劃下降5%，實際降低了3%，差2%完成計劃；勞動生產率計劃較上年增長8%，實際增長了10%，勞動生產率計劃超額完成25%。」

指出上述報告中的錯誤之處，並將其更正。

3-8 某公司下屬三個部門的銷售資料如下，請填出表中所缺數值，並對該公司的銷售情況進行簡要分析。

部門	基期銷售額(萬元)	報告期 計劃 銷售額(萬元)	報告期 計劃 比重(%)	報告期 實際 銷售額(萬元)	報告期 實際 比重(%)	計劃完成(%)	報告期比基期增長(%)
甲	150	160		180			
乙	180	200				100	
丙	250			265		98	
合計							

3-9 有兩個城市第六次人口普查資料如下：

	甲城市	乙城市
總人口數（人）	3,788,056	5,170,141
其中：男性	1,954,006	2,680,950
女性	1,834,050	2,489,191
文盲人口（人）	190,805	301,353
人口年齡分組（人）		
0～14歲	710,882	1,038,531
15～64歲	2,762,773	3,743,787
65歲及以上	314,401	387,823

（1）根據以上資料，分析兩個城市人口的性別比例、年齡構成，並說明兩個城市的差異。

（2）分別計算兩個城市的文盲率。

3-10　某企業生產一種產品需順次經過四個車間，這四個車間某月的廢品率分別為 1.5%、2.0%、2.5% 和 1%，試問該企業該月生產這種產品的平均廢品率是多少？

3-11　某商業企業 9 月份各天的銷售額數據如下（單位：萬元）：

207　226　247　202　188　260　190　186　215　228
221　242　211　231　251　224　217　230　241　208
222　234　218　253　223　213　272　199　219　245

試計算：

（1）該企業日銷售額的均值、中位數和眾數。

（2）平均差、標準差和方差。

第四章　抽樣估計

　　統計的研究目的是反應總體特徵。若能收集到總體數據，只需要運用描述統計方法就可以了，如計算總體均值和方差（或標準差）即可分別反應總體的一般水平和變異程度。但我們很多場合只能獲得樣本數據，那就還需利用統計推斷的方法，根據樣本信息來推斷出我們所關心的總體數量特徵。抽樣估計是統計推斷最重要的內容之一。

第一節　抽樣估計的基本問題

一、抽樣估計的意義

　　抽樣估計是按隨機原則從總體中抽取一部分單位構成樣本，對樣本進行調查並以調查結果估計總體數量特徵的一種統計方法。抽樣估計旨在估計總體的數量特徵，但首先要取得樣本資料。樣本大小不同，或抽取樣本的方式方法不同，對總體進行估計和推斷的理論和方法也不盡相同。因此，抽樣估計不僅是對現象總體進行科學估計的一種統計推斷方法，也是一種收集統計資料的調查方法，因此也稱為抽樣調查。

　　人們習慣上把非全面調查統稱為抽樣調查，這種廣義上的抽樣可分為隨機抽樣和非隨機抽樣兩類。隨機抽樣也叫概率抽樣，是指按照隨機原則抽取樣本。隨機抽樣使抽樣估計得以建立在概率論和數理統計的科學理論之上，不僅使得樣本能夠用於估計總體，而且還可以計算和控制抽樣誤差，能夠說明估計結果的可靠度。非隨機抽樣也叫非概率抽樣，是指從研究目的出發，根據調查者的經驗或判斷從總體中有意識地抽取若干單位構成樣本。重點調查、典型調查、方便抽樣等就屬於非隨機抽樣。在及時瞭解總體大致情況、總結經驗教訓、進行大規模調查前的試點等方面，非隨機抽樣具有隨機抽樣無法取代的優越性。但由於非隨機抽樣的效果取決於調查者的經驗、主觀判斷和專業知識，故難免摻雜調查者的主觀偏見，出現因人而異的結果，且容易產生傾向性誤差；此外，非隨機抽樣不能計算其抽樣誤差，無法說明調查結果的可靠程度。需要指出的是，統計學上所指的抽樣一般都是指隨機抽樣。本章下面所述的抽樣也僅指隨機抽樣。

　　由於抽樣調查具有其他調查方法無法相比的優越性，因此它在社會經濟工作中得到了廣泛的應用。歸納起來，主要有以下四種情況常常採用抽樣調查：

　　（1）在不可能進行全面調查的情況下採用抽樣調查。對於無限總體，不可能進行全面調查，如要瞭解某市空氣污染情況；對於總體單位特別多的有限總體，實際上也

只能當做無限總體來觀察，如森林中樹木的可採伐量常常是抽取一些樣本林區來調查並推斷；對有破壞性的產品進行質量檢查，如電子元件的壽命、罐頭食品的質量等也只能抽一小部分樣品來檢查。

（2）在不必要進行全面調查的情況下，可採用抽樣調查。如居民家計調查、城鎮個體工商戶經營狀況調查、電視臺節目收視率調查、居民對某類商品的購買意向調查等，都沒有必要耗費大量的人力、物力和時間去逐一登記，只需隨機抽查一小部分樣本單位就可推斷總體情況。雖然會有一定的抽樣誤差，但已能滿足需要。

（3）在來不及進行全面調查的情況下，可採用抽樣調查。如對農產量資料的及時性要求很高，常常採用抽樣法迅速取得所需資料；又如物價監督部門檢查企業有無違反物價規定的情況，也常常採用抽樣調查。

（4）為了對全面調查資料進行補充或修正，也常常採用抽樣調查。普查範圍廣、耗費大，故很長時間才進行一次。為了連續觀察現象發展變化的過程和規律性，兩次普查之間可進行抽樣調查。如中國每十年進行一次人口普查，中間進行一次人口抽樣調查（抽樣比例約1%）。抽樣調查也可從內容上補充全面調查。如中國第五次人口普查時使用長表和短表兩種調查表。短表調查項目少，人人都要登記；長表在短表的基礎上增加了很多項目，只供全國一小部分人口登記。這實際上就是在普查的同時進行抽樣調查。這不僅保證了基本資料全面、準確，而且利用有限的時間和經費使調查內容更深入、更詳盡。此外，由於全面調查範圍廣，發生登記性誤差的可能性大，因此，一般在全面調查之後，要進行一次抽樣復查，用抽樣資料與相應範圍內的全面調查資料對比，確定一個修正系數，從而修正全面調查資料。如根據全面調查資料，某企業集團擁有固定資產原值16,851億元，隨機抽查其5個下屬單位，查得固定資產原值共21,734億元，而這5個單位在全面調查時登記的固定資產原值共22,861億元，可計算修正系數為0.950,7（21,734/22,861），即認為全面調查數據的差錯率為4.93%，修正後該企業集團固定資產原值為16.02億元（16,851×0.950,7）。

二、總體指標與樣本指標

總體指標是指反應總體某一數量特徵的指標，通常也稱為總體參數，簡稱參數。在抽樣估計中，總體指標的實際數值即參數真值是未知的，需要根據隨機抽樣取得的樣本信息去估計，因此抽樣估計通常也稱為參數估計。實際中，需要估計的總體指標有總體均值（和相應總量）、總體成數（和相應總體單位總量）、總體標準差或方差。

某些問題中，我們所關心的變量只有兩種表現：要麼具有某種屬性，要麼不具有某種屬性，所謂成數是指具有某種屬性的單位數與全部單位總數之比。比如，產品可分為合格品與不合格品，如果關心的是合格品，則合格品與產品總數之比即合格率就是成數；一個企業的職工按年齡分為40歲以上和40歲以下兩類，如果要瞭解40歲以上職工的情況，則40歲以上職工人數占職工總數的比重就是成數。

樣本指標是指根據樣本數據計算的、反應樣本某一數量特徵的指標。對隨機抽取的樣本，若要用以推斷總體數量特徵，就必須對樣本觀測值進行概括和加工，可通過樣本的均值、成數、方差和標準差等樣本指標來反應樣本的各種數量特徵。簡單地說，

抽樣估計就是要用樣本指標去估計相應的總體指標，譬如用樣本均值去估計總體均值，用樣本成數去估計總體成數，用樣本方差去估計總體方差等。在統計推斷中，這些樣本指標以及它們的函數都統稱為樣本統計量，也稱為估計量。估計量的具體取值就是估計值。

例如，要估計某地區小麥的平均單產，樣本平均單產是一個估計量。若一個樣本由 540、530、600、550、560（千克）等 5 個樣本觀測值組成，該樣本的平均單產 556 千克就是該地區小麥平均單產的一個估計值。

對於既定的總體，所要估計的某一總體指標是一個確定的量，如某年某地區小麥平均單產的實際值只有一個。但對於同一總體和既定大小的樣本量，可能抽到的樣本是隨機的且有很多個甚至無窮多個，取到的樣本不同，樣本指標就有可能不同，因此樣本指標是隨機變量。

一次抽樣所得的樣本指標不一定等於總體參數真值，但所有可能樣本估計值平均來看，與總體參數之間不存在偏差。這也就是說，樣本指標的均值等於被估計總體參數真值，這種性質稱為無偏性。

好的樣本指標不僅平均來看是無偏的，而且還應該是有效的。即樣本指標的標準差（或方差）越小，從整體來看，這樣的樣本指標就越接近總體參數真值，估計誤差就越小，其估計也就越有效。

實際工作中，通常用樣本均值 x 作為總體均值 $\bar{X}$ 的估計量，就是因為樣本均值具有無偏性和有效性（其方差通常比樣本中位數等估計量的方差要小）。同樣，樣本成數 p 也是總體成數 P 的無偏估計量。

對總體方差 σ^2 的估計則通常要用下式所定義的樣本方差（用 S^2 表示）：

$$S^2 = \frac{\sum_{i=1}^{n}(x_i - \bar{x})^2}{n-1} \tag{4.1}$$

用式（4.1）計算的樣本方差 S^2 才是總體方差 σ^2 的無偏估計量（注意其分母為而不是 n，因此也被稱為修正的樣本方差）。式（4.1）兩端開平方根即為樣本標準差 S。通常以樣本標準差 S 為總體標準差 σ 的估計量。實際中，當樣本量 n 充分大時，其分母（$n-1$）也可以用 n 代替，這樣計算的樣本方差稱為未修正的樣本方差。

下面將實際中幾個重要的總體參數及其常用估計量的計算公式列表對應，如表 4-1 所示。

表 4-1　　　　　　　　　幾個重要的總體參數及其常用的估計量

總體參數	常用估計量
總體均值 $\bar{X} = \dfrac{\sum_{i=1}^{N} X_i}{N}$	樣本均值：$x = \dfrac{\sum_{i=1}^{n} x_i}{n}$

表 4－1(續)

總體參數	常用估計量
總體方差 $\sigma^2 = \dfrac{\sum_{i=1}^{N}(X_i - X)^2}{N}$	（修正的）樣本方差：$S^2 = \dfrac{\sum_{i=1}^{n}(x_i - x)^2}{n-1}$ 未修正的樣本方差：$S_n^2 = \dfrac{\sum_{i=1}^{n}(x_i - x)^2}{n}$（$n$ 較大時）
總體標準差 $\sigma = \sqrt{\dfrac{\sum_{i=1}^{N}(X_i - X)^2}{N}}$	（修正的）樣本標準差：$S = \sqrt{\dfrac{\sum_{i=1}^{n}(x_i - x)^2}{n-1}}$ 未修正樣本標準差：$S_n = \sqrt{\dfrac{\sum_{i=1}^{n}(x_i - x)^2}{n}}$（$n$ 較大時）
總體成數 $P = \dfrac{N_1}{N}$	樣本成數 $p = \dfrac{n_1}{n}$

註：$(X_1, X_2, \cdots, X_N)$ 為 N 個個體構成的總體，N＝總體單位數，N_1＝總體中具有某一屬性的單位數。n＝抽樣數目（樣本量），n_1＝樣本中具有某一屬性的單位數。

三、估計方法：點估計與區間估計

參數估計的方法有點估計和區間估計兩種。

點估計是指首先針對待估計的總體參數，選定一個優良的估計量，然後直接利用樣本數據計算出該估計量的值，並將其作為總體參數的估計值，估計結果在數軸上是一個點。例如，要估計某地區小麥的平均單產，以樣本平均單產為估計量，若隨機抽取的一個樣本的平均單產是 556 千克，就直接將 556 千克作為該地區小麥平均單產的估計值，這就屬於總體均值的點估計。又如，要估計一批產品的合格率，樣本合格率為 90%，就將 90% 直接作為這批產品合格率的估計值，這就屬於總體成數的點估計。

點估計雖然簡單、明確，但不能說明估計結果的可靠性以及估計值與參數真實值之間抽樣誤差的大小。為此，經常需要進行區間估計。

區間估計是指以一定的概率（即置信度）給出總體參數的一個區間範圍。區間估計中，所估計的區間範圍總是與一定的置信度相聯繫的。置信度表示估計結果的可靠程度，通常用 $1-\alpha$ 表示；$0 < 1-\alpha < 1$，其值越大表示可靠程度越高。以一定的置信度估計的區間也稱為置信區間。置信區間的最小值稱為置信下限，最大值稱為置信上限。

區間估計的結果常常是以點估計值為中心的，即常常在點估計值的基礎上加減一個抽樣誤差範圍即可得到區間估計。例如，估計某地區小麥的平均單產時，如果說在 0.9 的置信度下該地區小麥平均單產在 556±10（即 546～566）千克的範圍內，這就是一個區間估計。估計一批產品的合格率時，以 0.95 的置信度推斷總體合格率為 90% ± 5%（即 85%～95%），這也是一個區間估計。選定估計量之後，區間估計的關鍵就在

於計算給定可靠程度對應的抽樣誤差範圍。其理論依據是估計量的抽樣分佈。本章第二節將介紹對總體均值和成數進行區間估計的具體方法。

四、抽取樣本的方法和組織方式

抽樣方法可分為重複抽樣和不重複抽樣兩種。

重複抽樣是指要從總體的 N 個單位中抽取一個單位數（也稱為樣本容量）為 n 的樣本，每次抽出一個單位並記錄其特徵後，再放回總體中參加下一次抽選，這樣連續抽 n 次即得到所需樣本。也就是說，採用重複抽樣，同一總體單位有可能被重複抽中，而且每次抽取是獨立的，每次都是從 N 個總體單位中抽取。

不重複抽樣是指從總體中隨機抽出一個單位後不再放回總體，下一個樣本單位再從餘下的總體單位中抽取，這樣連續抽取 n 次即得到一個樣本容量為 n 的樣本。採用不重複抽樣方法，同一總體單位不可能被再次抽中，而且每次抽取不是獨立的，上次抽取結果要影響下次抽取的結果，每次抽取是在不同數目的總體單位中進行的。

抽樣方法不同，樣本代表性也有所不同，抽樣誤差也就不同。與重複抽樣相比，不重複抽樣由於樣本單位無重複，樣本單位很可能在總體中更均勻地分佈，從而樣本結構更能與總體結構近似。因此，不重複抽樣所得樣本對總體的代表性較大，抽樣誤差較小。但當總體單位數很大，而抽樣比例 n/N 很小時，兩者差別甚微。這點還將在下節中詳細介紹。對社會經濟現象進行調查，一般沒有必要把一個單位抽出來調查登記幾次，所以人們常常採用的是不重複抽樣方法。

基本的抽樣組織方式有簡單隨機抽樣、分層抽樣、等距抽樣和整群抽樣四種。

簡單隨機抽樣，又稱純隨機抽樣。它是指對總體單位逐一編號，然後按隨機原則直接從總體中抽出若干單位構成樣本。其抽取樣本單位的常用方式有抽籤法、利用隨機數表取數法和電子計算機取數法。簡單隨機抽樣完全隨機地直接從總體中抽取樣本單位，使總體中每個單位都有完全均等的機會被抽中。它是最基本、最簡單的抽樣組織方式，其他抽樣組織方式都是在它的基礎上演變而來的。但在實際應用中，簡單隨機抽樣卻有很大局限性，因為當總體單位很多時，對總體單位逐一編號是很複雜的，而且有可能使中選單位在總體中分佈不夠均勻，從而使得樣本代表性較低。因此，在大規模的抽樣調查中，簡單隨機抽樣一般不單獨使用，而是與其他抽樣組織方式結合運用。

分層抽樣又叫分類抽樣或類型抽樣。它是指按與調查目的有關的某個主要標誌將總體單位劃分為若干層（也稱類、組或子總體），然後按隨機原則從各層分別抽取一定數目的單位構成樣本。如城市職工收入調查，可按行業將全部職工分類，再從各行業分別隨機抽取若干職工來調查；企業景氣狀況調查，可將全部企業按經營規模和行業分類，再從每個類別分別隨機抽取若干企業來調查。分層抽樣是統計分組法與抽樣原理的結合，可以提高樣本的代表性，而且還可以深化對現象的認識，滿足分層次管理的需要。這是因為分層抽樣相當於將差異較大的總體劃分成若干個內部差異較小的子總體，從各子總體抽取的樣本單位構成該子總體的一個子樣本，整個樣本由若干個子樣本構成。與簡單隨機抽樣相比，分層抽樣能使樣本結構更接近總體結構，從而使得

抽樣誤差較小；而且分層抽樣不僅能利用樣本推斷總體指標，也能利用各子樣本推斷相應子總體的指標。

等距抽樣也叫機械抽樣或系統抽樣。它是指先將總體單位按某一標誌排序，計算出抽樣間隔，並在第一個抽樣間隔內確定一個抽樣起點，再按固定的順序和間隔來抽取樣本單位。假如總體有 N 個單位，要從中抽 n 個樣本單位，可先將總體單位依次排序，計算出抽樣間隔距離 $k = N/n$，再從第一個至第 k 個單位的範圍內確定抽樣起點（即第一個樣本單位），之後每隔 k 個單位抽取一個樣本單位。例如，要對生產線上的產品進行質量檢查，可每間隔固定生產時間或產品數量抽取一件產品進行檢查；又如，要調查某校大一學生的學習情況，可將全部學生按學號排序或按入學成績排序，然後每隔一定數量的學生抽取一名學生進行調查。等距抽樣最顯著的優越性是能提高樣本單位分佈的均勻性。

整群抽樣也叫集團抽樣。它是將總體全部單位分為若干部分（每一部分稱為一個群體，簡稱群），然後按隨機原則從中抽取一部分群體，抽中群體的所有單位構成樣本。整群抽樣對抽中群體內的所有單位進行全面調查，而未抽中群體的單位一概不調查。例如，居民家計調查或人口抽樣調查，常常以一個鄉或街道的所有住戶或所有人口為一群，並對抽中鄉或街道的住戶或人口進行全面調查。又如，要從某天 8 小時內生產的產品中抽取 1/12 進行質量檢查，可按 5 分鐘內生產的產品為一群，將全天產品分為 96 個群體，再從中隨機抽 1/12 即 8 個群體進行檢查。整群抽樣不是逐個地而是整群地抽取樣本單位。因此，整群抽樣只需對各群體進行編號，而不需要對各總體單位編號，這就大大簡化了抽樣組織工作，便於集中力量去調查，也便於組織和管理。但也應注意到，由於樣本單位比較集中，樣本單位在總體中的分佈不夠均勻，因此在其他條件相同的情況下，整群抽樣的樣本代表性可能較差。故為了保證樣本有足夠的代表性，就要適當多抽一些樣本單位。

以上幾種基本的抽樣組織方式，各有不同的特點和前提條件，也有不同的抽樣誤差，適用於不同的場合。在實際工作中，選擇適當的抽樣組織方式主要應考慮調查對象的性質、特點，對調查對象的瞭解程度，抽樣誤差的大小以及人力、物力、財力的條件等方面。一般地說，比較複雜的抽樣組織方式如分層抽樣、按有關標誌排隊等距抽樣，有較小的抽樣誤差，但需要花費較多的人力、物力和財力，而且必須事先掌握總體各單位的有關信息，以便適當地分組或排隊；相反，較為簡單的抽樣組織方式，抽樣誤差較大，但耗費也較少，事先不需要瞭解總體的很多信息。實際中通常還靈活地將兩種或多種抽樣組織方式結合使用，使抽樣工作更簡便、更經濟或使抽樣誤差更小。如分層抽樣與等距抽樣結合而產生分層等距抽樣，即先按與調查目的有關的主要標誌將總體分成若干層（類），再在各層內採用等距抽樣抽取樣本單位，這種方式集中了分層抽樣和等距抽樣之所長，當然也要求事先掌握較多的信息。

此外，對於大規模的抽樣調查，總體單位很多而且分佈面廣，從總體中直接抽取樣本單位很困難，也不便收集樣本資料，這就需要採用多階段抽樣。多階段抽樣是指分兩個或兩個以上的階段來完成抽取樣本單位的過程。如中國的城市職工家計調查採用三階段抽樣：先抽選調查城市，再從抽中的城市中分部門抽選基層單位，最後從抽

中的基層單位中抽取調查戶。多階段抽樣可根據需要和可能，將幾種抽樣組織方式結合運用。一般在前面階段選擇分層抽樣，而在後面階段採用簡單隨機抽樣或整群抽樣。

本章下面兩節只介紹簡單隨機抽樣的抽樣估計問題，對其他抽樣組織方式的抽樣估計方法感興趣的讀者可參考有關文獻。

第二節　總體均值和成數的抽樣誤差與區間估計

一、均值和成數的抽樣誤差

抽樣估計結果與總體參數真實數值之間難免會產生誤差。抽樣估計的總誤差通常可分為抽樣誤差和非抽樣誤差兩大類。抽樣誤差是指由抽樣的隨機性產生的樣本估計量與總體參數之間的差異。具體地說，由於樣本是隨機抽取的，樣本結構與總體結構之間就難免存在差異，因此用樣本信息來估計總體參數就會存在抽樣誤差。抽樣誤差是一種隨機誤差，是隨樣本不同而不同的隨機變量；它也是一種代表性誤差，樣本結構與總體結構越接近，樣本對總體的代表性就越高，抽樣誤差就小。非抽樣誤差包括樣本抽取過程中系統偏差和樣本數據收集過程中的登記性誤差。由於抽樣誤差和非抽樣誤差具有不同的來源和不同的性質，其測算方法也各不相同，故這裡僅討論抽樣誤差的計算。

實際抽樣調查中，因為總體指標或總體參數是未知數，所以每次抽樣的實際抽樣誤差是無法計算的。但就某個既定的抽樣方案而言，樣本估計量的所有可能取值總有一定的分佈規律，它們與總體參數的離差即抽樣誤差也就有一定的規律可循。因此，抽樣調查中所謂的抽樣誤差可以計算和控制，並不是指某次具體抽樣的實際抽樣誤差，而是指從所有可能樣本考察的抽樣平均誤差。

統計學中常用標準差這一概念來測定某一變量的所有變量值與其均值的平均差異程度。在此，我們可運用樣本估計量的標準差來反應所有可能樣本估計值與其中心的平均離散程度。當樣本估計量以被估計總體參數為分佈中心時，樣本估計量的標準差實際上反應的是所有可能樣本的估計值與總體參數的平均差異程度，即反應了所有可能樣本的實際抽樣誤差的一般水平。因此，統計上把樣本估計量的標準差定義為抽樣平均誤差。

數理統計證明，重複抽樣條件下，估計總體均值時，抽樣平均誤差（記為 σ_x）主要取決於總體方差 σ^2 和抽樣數目 n 的大小。其計算公式為：

$$\sigma_x = \sqrt{\frac{\sigma^2}{n}} = \frac{\sigma}{\sqrt{n}} \tag{4.2}$$

採用不重複抽樣時，均值的抽樣平均誤差應為：

$$\sigma_x = \sqrt{\frac{\sigma^2}{n}\left(\frac{N-n}{N-1}\right)} \approx \sqrt{\frac{\sigma^2}{n}\left(1-\frac{n}{N}\right)} \tag{4.3}$$

從公式（4.2）和公式（4.3）中不難得知，影響抽樣平均誤差大小的因素有：

(1) 總體方差 σ^2（或總體標準差 σ）。在其他條件不變的條件下，總體單位的差異程度越大，抽樣平均誤差就越大；反之則反。實際計算時，總體方差 σ^2（或總體標準差 σ）通常是未知的，需要用樣本方差 S^2（或樣本標準差 S）或相應的經驗數據來代替。

(2) 抽樣數目或稱樣本量 n。其他條件不變的條件下，抽樣數目多，抽樣平均誤差小；反之則反。

(3) 抽樣方法。不重複抽樣的抽樣平均誤差公式比重複抽樣的相應公式多了一個系數 $\sqrt{\frac{N-n}{N-1}}$ 或 $\sqrt{1-\frac{n}{N}}$。這個系數稱為不重複抽樣修正系數。由於這個系數總是大於 0 而小於 1 的，因此在其他條件相同的情況下，不重複抽樣的抽樣誤差總是小於重複抽樣的抽樣誤差。但當 N 很大而 n 相對較小即抽樣比例 n/N 很小時，該系數接近於 1，兩者相差甚微。因此，從無限總體中抽樣時，無論採用重複還是不重複抽樣方法，都可用重複抽樣的抽樣平均誤差公式來度量抽樣誤差；對於有限總體，實際中當抽樣比例很小時（一般認為小於 5%），不重複抽樣的抽樣誤差也常常採用重複抽樣的公式來計算。

此外，其他條件相同的情況下，抽樣組織方式也是影響抽樣平均誤差的一個重要因素。上述公式是針對簡單隨機抽樣而言的。

【例 4-1】某學校共有 3,000 名學生。該校對學生的電話費月支出進行了一次抽樣調查。隨機抽取 100 名學生的調查結果是，平均電話費支出為 38 元，標準差為 15.5 元。試計算對全校學生平均電話費支出進行估計的抽樣平均誤差是多少？

已知 $N=3,000$，$n=100$，$S=15.5$（用以代替未知的總體標準差 σ），由公式（4.2）和公式（4.3）分別可計算出所求的抽樣平均誤差為：

在重複抽樣條件下，$\sigma_x = \frac{\sigma}{\sqrt{n}} = \frac{15.5}{\sqrt{100}} = 1.55$（元）

在不重複抽樣條件下，

$$\sigma_x = \frac{\sigma}{\sqrt{n}}\sqrt{1-\frac{n}{N}} = \frac{15.5}{\sqrt{100}}\sqrt{1-\frac{100}{3,000}} = 1.52 \text{（元）}$$

對於只有兩種表現的變量，若分別用 1 和 0 來表示其變量值，即用 1 表示具有某種屬性，用 0 表示不具有某種屬性，則成數（記為 P）就是變量值 1 的頻率，變量值 0 的頻率就是 $(1-P)$。根據加權算術平均的公式不難證明，成數 P 就是該變量的均值，相應地，該變量的方差就是 $P(1-P)$。因此，在均值的抽樣平均誤差計算公式中，將總體方差 σ^2 替換為 $P(1-P)$，便可得到成數的抽樣平均誤差（記為 σ_p）的計算公式如下：

在重複抽樣條件下，

$$\sigma_p = \sqrt{\frac{P(1-P)}{n}} \tag{4.4}$$

在不重複抽樣條件下，

$$\sigma_p = \sqrt{\frac{P(1-P)}{n}\left(\frac{N-n}{N-1}\right)} \approx \sqrt{\frac{P(1-P)}{n}\left(1-\frac{n}{N}\right)} \qquad (4.5)$$

從公式（4.4）和公式（4.5）中的 P 為總體成數，實際計算時用樣本成數 p 或相應的經驗數據來代替。至於影響成數的抽樣平均誤差的因素，與均值的抽樣平均誤差的影響因素實質上是一致的，故不再贅述。

【例 4-2】某廠某天生產的產品共有 2,000 件，從中隨機抽取樣品 200 件，檢驗得知當天產品的樣本優質品率為 85%。試分別計算在重複抽樣和不重複抽樣條件下，對當天產品優質品率進行估計的抽樣平均誤差。

已知 $n=200$，$p=0.85$，由公式（4.4）和公式（4.5）分別可計算出所求的抽樣平均誤差為：

在重複抽樣條件下，

$$\sigma_p = \sqrt{\frac{p(1-p)}{n}} = \sqrt{\frac{0.85 \times 0.15}{200}} = 0.025,2 = 2.52\%$$

在重複抽樣條件下，

$$\sigma_p = \sqrt{\frac{p(1-p)}{n}\left(1-\frac{n}{N}\right)} = \sqrt{\frac{0.85 \times 0.15}{200}\left(1-\frac{200}{2,000}\right)} = 0.023,95 = 2.395\%$$

二、總體均值的區間估計

（一）大樣本條件下總體均值的區間估計

根據樣本均值的抽樣分佈理論，無論總體分佈形態如何，只要樣本量足夠大（通常要求 $n \geq 30$），樣本均值的分佈都接近於以總體均值 μ 為中心的正態分佈，該正態分佈的標準差就是前面所講的抽樣平均誤差 $\sigma_{\bar{x}}$。因此，根據正態分佈的性質，可知道樣本均值 $\bar{x}$ 分佈在總體均值 μ 的左右，抽樣誤差為正與為負的可能性完全相同，樣本均值 $\bar{x}$ 離總體均值 μ 近的可能性較大，離總體均值 μ 越遠可能性越小。可見，抽樣誤差範圍的大小與可能性（概率）大小有密切的關係。就所有可能樣本而言，抽樣誤差範圍等於抽樣平均誤差 1 倍的可能性為 68.27%，抽樣誤差範圍等於抽樣平均誤差 2 倍的可能性為 95.45%，抽樣誤差範圍等於抽樣平均誤差 3 倍的可能性為 99.73%。如圖 4-1 所示。

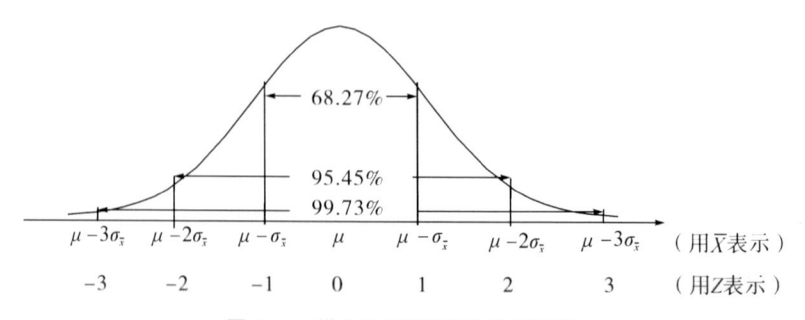

圖 4-1　樣本均值與總體均值的關係

事實上，對於任一大小的可能性，抽樣誤差範圍都能夠以抽樣平均誤差為尺度來度量，即可用抽樣平均誤差 $\sigma_{\bar{x}}$ 的若干倍來表示。在抽樣估計中，這種可能性稱為置信度，通常用 $1-\alpha$ 表示，對應的倍數通常用 $Z_{\alpha/2}$ 來表示。在給定置信度 $1-\alpha$ 的情況下，對均值進行估計的抽樣誤差範圍（用 $\Delta_{\bar{x}}$ 表示）有如下的計算公式：

$$\Delta_{\bar{x}} = Z_{\alpha/2} \sigma_{\bar{x}} \tag{4.6}$$

式（4.6）中，$Z_{\alpha/2}$ 的數值是由給定置信度 $1-\alpha$ 決定的。兩者的關係可查本書附錄部分附表 1 的標準正態分佈函數值表而得（這裡的 $Z_{\alpha/2}$ 相當於附表 1 中 $1-\alpha/2$ 所對應的 x 值，即標準正態分佈右尾面積為 $\alpha/2$ 時的 Z 值），也可以通過 Excel 中的函數 NORMSINV 來求得。為了方便讀者使用，表 4-2 給出了實際中最常用的幾種置信度水平及其對應的 $Z_{\alpha/2}$。

表 4-2　　　　　　　　　常用的置信度與對應的 $Z_{\alpha/2}$

置信度（$1-\alpha$）	$Z_{\alpha/2}$
0.500,0	0.675
0.682,7	1.000
0.800,0	1.282
0.900,0	1.645
0.950,0	1.960
0.954,5	2.000
0.997,3	3.000

計算出了抽樣誤差範圍，也就易對總體均值作區間估計了。給定置信度 $1-\alpha$ 的條件下，總體均值 μ 的置信區間為：

$$\bar{x} - \Delta_{\bar{x}} \leq \bar{X} \leq \bar{x} + \Delta_{\bar{x}} \tag{4.7}$$

即：$\bar{x} - Z_{\alpha/2} \dfrac{\sigma}{\sqrt{n}} \leq \bar{X} \leq \bar{x} + Z_{\alpha/2} \dfrac{\sigma}{\sqrt{n}}$ (4.8)

【例 4-3】根據例 4-1 的資料，若採用的抽樣方法為重複抽樣，試以 95% 的置信度估計：(1) 該校學生人均電話費月支出的置信區間；(2) 該校全部學生（3,000 人）電話費月支出總額的置信區間。

(1) 已知 $1-\alpha=0.95$，則 $Z_{\alpha/2}=1.96$，例 4-1 中已經計算出重複抽樣下的抽樣平均誤差為 1.55 元，由式（4.6）可得抽樣誤差範圍為：

$\Delta_{\bar{x}} = Z_{\alpha/2} \mu_{\bar{x}} = 1.96 \times 1.55 = 3.04$（元）

由式（4.7）可得該校學生人均電話費月支出 μ 的置信區間為：

$\bar{x} - \Delta_{\bar{x}} \leq \bar{X} \leq \bar{x} + \Delta_{\bar{x}}$

$38 - 3.04 \leq \bar{X} \leq 38 + 3.04$

$34.96 \leq \bar{X} \leq 41.04$（元）

即可在 95% 的把握下，推斷該校學生人均電話費月支出在 34.96~41.04 元之間。

（2）將總體均值的置信區間的下限和上限分別乘以總體單位總數 N，即可求得同樣置信度下相應總量的置信區間。因此，在 95% 的置信度下，該校全部學生每月電話費支出總額的置信區間為：

$34.96 \times 3,000 \leq \bar{X}N \leq 41.04 \times 3,000$

$104,880 \leq \bar{X}N \leq 123,120$ （元）

即在 104,880～123,120 元之間。

估計總體均值時要注意，抽樣誤差範圍表示的是一定置信度下抽樣誤差的最大可能範圍，而不是絕對肯定的範圍。置信度 $1-\alpha$ 越大，表示估計的可靠度越高，但是對應的 $Z_{\alpha/2}$ 就越大，從而抽樣誤差範圍也就越大，估計的精度就越低。抽樣估計時，我們總是希望估計的誤差盡可能小（即估計精度盡可能高）並且估計的置信度也盡可能大。但事實上這兩者往往是相矛盾的。

（二）小樣本條件下正態總體均值的區間估計

在小樣本條件下，如果總體服從正態分佈且 σ 已知，總體均值的置信區間同樣是用式（4.8）來計算的。但實際上總體標準差 σ 通常是未知的，只能用樣本標準差 S 代之，這時抽樣誤差範圍和總體均值 $\bar{X}$ 的置信區間就必須根據 t 分佈來計算。

在小樣本條件下，抽樣誤差範圍也能夠以抽樣平均誤差為尺度來度量，即可用抽樣平均誤差 $\mu_{\bar{x}}$ 的若干倍來表示，只不過與置信度 $1-\alpha$ 對應的倍數要根據自由度為 $n-1$ 的 t 分佈來確定，通常用 $t_{\alpha/2}(n-1)$ 來表示，簡記為 $t_{\alpha/2}$。

在置信度 $1-\alpha$ 下，抽樣誤差範圍 $\Delta_{\bar{x}}$ 的計算公式為：

$$\Delta_{\bar{x}} = t_{\alpha/2} \sigma_{\bar{x}} = t_{\alpha/2} \frac{S}{\sqrt{n}} \tag{4.9}$$

在置信度（$1-\alpha$）下，總體均值 $\bar{X}$ 的置信區間為：

$\bar{x} - t_{\alpha/2} \sigma_{\bar{x}} \leq \bar{X} \leq \bar{x} + t_{\alpha/2} \sigma_{\bar{x}}$

即：$\bar{x} - t_{\alpha/2} \dfrac{S}{\sqrt{n}} \leq \bar{X} \leq \bar{x} + t_{\alpha/2} \dfrac{S}{\sqrt{n}}$ （4.10）

式中，置信度 $1-\alpha$ 與 $t_{\alpha/2}$ 的對應關係可查本書附錄部分附表 2 的 t 分佈上側分位數表而得，也可以通過 Excel 中的函數 TINV 來求得。

【例 4-4】某商場從一批袋裝食品中隨機抽取 10 袋，測得每袋重量（單位：克）分別為 789、780、794、762、802、813、770、785、810、806，要求在 95% 的置信水平下，估計這批食品的平均每袋重量的置信區間。

樣本均值 $\bar{x} = \dfrac{\sum x}{n} = \dfrac{7,911}{10} = 791.1$ （克）

樣本標準差 $S = \sqrt{\dfrac{\sum(x-\bar{x})^2}{n-1}} = \sqrt{\dfrac{2,642.9}{10-1}} = 17.136$ （克）

已知 $1-\alpha = 0.95$，查 t 分佈表得，$t_{\alpha/2}(n-1) = t_{0.025}(9) = 2.262,2$，所求總體均值的 95% 置信區間為：

$$\bar{x} - t_{\alpha/2} \frac{S}{\sqrt{n}} \leq \bar{X} \leq \bar{x} + t_{\alpha/2} \frac{S}{\sqrt{n}}$$

$$791.1 - 2.262, 2 \times \frac{17.136}{\sqrt{10}} \leq \bar{X} \leq 791.1 + 2.262, 2 \times \frac{17.136}{\sqrt{10}}$$

$$791.1 - 12.26 \leq \bar{X} \leq 791.1 + 12.12$$

$$778.84 \leq \bar{X} \leq 803.36$$

即估計總體平均每袋重量在 778.84～803.36 克的範圍內。

根據樣本觀測值，利用 Excel 可計算出區間估計所需的樣本均值和抽樣誤差範圍。在 Excel 工作表中，依次點擊：數據→數據分析→描述統計，在對話框中指定樣本觀測值所在區域和置信度（默認值為 95%，也可自行指定）等選項，再點擊確定即可。例 4-4 的輸出結果如表 4-3 所示（這裡刪除了一些參數估計不必要的輸出，右邊的指標解釋為編者所加）。

表 4-3　　　　　　Excel 計算的樣本均值和抽樣誤差範圍

Excel 的輸出結果（部分）		指標解釋
平均	791.1	樣本均值 $\bar{x}$
標準誤差	5.419	均值的抽樣平均誤差 $\mu_{\bar{x}}$
標準差	17.136	樣本標準差 S
方差	293.656	樣本方差 S^2
計數	10	樣本量 n
置信度（95.0%）	12.259	置信度 95% 對應的抽樣誤差範圍 $\Delta_{\bar{x}}$

三、總體成數的區間估計

小樣本條件下，總體成數的區間估計較為複雜，我們只討論大樣本情況下總體成數的區間估計。

樣本成數的抽樣分佈理論告訴我們，只要樣本量足夠大，通常要求 $n \geq 30$，且 np 和 $n(1-p)$ 都要不低於 5，樣本成數 p 的分佈也接近於以總體成數 P 為中心的正態分佈，該正態分佈的標準差就是成數的抽樣平均誤差 σ_p。因此，與均值的抽樣誤差範圍的計算公式類似，成數的抽樣誤差範圍（用 Δ_p 表示）的計算公式為：

$$\Delta_p = Z_{\alpha/2} \sigma_p \tag{4.11}$$

故在 $1-\alpha$ 置信水平下，總體成數 P 的置信區間仍然由估計值 p 加減抽樣誤差範圍 Δ_p 來計算，即：

$$p - Z_{\alpha/2} \sigma_p \leq P \leq p + Z_{\alpha/2} \sigma_p \tag{4.12}$$

【例 4-5】某廠某天生產的產品共有 2,000 件，採用重複抽樣方法隨機抽取樣品 200 件，檢驗得知當天產品的樣本優質品率為 85%。試以 90% 的置信度計算：

（1）當天所生產產品的優質品率的置信區間；

(2) 當天所生產的優質品總數的置信區間。

(1) 已知 $p=0.85$，$1-\alpha=0.90$ 即 $Z_{\alpha/2}=1.645$，例 4-2 中已經計算出重複抽樣下的抽樣平均誤差為 2.52%，由式（4.12）可得 90% 的置信度下當天所生產產品的優質品率 P 的置信區間為：

$85\% - 1.645 \times 2.52\% \leq P \leq 85\% + 1.645 \times 2.52\%$

$85\% - 4.15\% \leq P \leq 85\% + 4.15\%$

(2) $N=2,000$，由此可進一步推算這批產品中優質品總數（NP）的置信區間為（$2,000 \times 80.85\%$，$2,000 \times 89.15\%$），即估計當天所生產的優質品總數在 1,617 ~ 1,783 件之間。

第三節　抽樣數目的確定

抽樣估計是基於樣本信息而對總體特徵作出的估計。因此，估計結果的質量高低關鍵在於樣本本身的好壞。在估計之前必須關注樣本是不是一個好樣本，這就要做好抽樣設計。抽樣設計涉及抽樣框、抽樣方法和抽樣數目等諸多問題。我們這裡只討論抽樣數目即樣本量的確定問題。

在置信度相同的情況下，為了減少抽樣誤差，提高區間估計的精度，就應該增加抽樣數目。但是，增加抽樣數目，必然又會增加抽樣調查的耗費。為瞭解決抽樣誤差要求和調查費用要求的矛盾，可以在限定調查費用的情況下，盡可能增大樣本量；也可以在規定允許誤差的條件下，盡可能減少抽樣數目。在實際工作中，一般是在滿足允許誤差要求的前提下確定一個必要的抽樣數目。

一、估計總體均值所必要的抽樣數目

根據總體均值估計中的抽樣誤差範圍公式（4.6）和抽樣平均誤差的公式（4.2），很容易推導出，這種重複抽樣條件下，估計總體均值所必要的抽樣數目的公式如下：

$$n = \frac{(Z_{\alpha/2})^2 \sigma^2}{\Delta_x^2} \tag{4.13}$$

式（4.13）中，$Z_{\alpha/2}$ 是與給定置信水平 $1-\alpha$ 對應的 Z 值；Δ_x 是在給定的置信度下估計總體均值時可接受的允許誤差；σ 是總體標準差。在實際應用中，σ 的值通常是未知的，可以用以前相同或類似的調查所得的總體標準差或樣本標準差 S 來代替；在大型的抽樣調查中也可以用試點調查的數據來估計總體標準差的值；若有多個方差數值供參考時，應選其中最大值來估計，其目的是使結果更好地滿足允許誤差的要求。

同樣，根據抽樣誤差範圍公式（4.6）和相應的抽樣平均誤差的公式（4.3），可得在不重複抽樣條件下，估計總體均值所必要的抽樣數目的公式為：

$$n = \frac{N Z_{\alpha/2}^2 \sigma^2}{N \Delta_x^2 + Z_{\alpha/2}^2 \sigma^2} \tag{4.14}$$

從式（4.13）和式（4.14）可以看出，必要抽樣數目的大小取決於總體方差、置信度、允許誤差和抽樣方法等因素。

在其他條件不變的情況下，總體的差異越大，所需的抽樣數目就越大；$Z_{\alpha/2}$就越大，所需的抽樣數目也就越大；允許誤差越大，所需的抽樣數目就越小；在其他條件不變的情況下，不重複抽樣所需抽樣數目略小於重複抽樣所需抽樣數目。此外，抽樣數目還受到抽樣組織方式的影響，因為不同抽樣組織方式下計算抽樣誤差的公式也不同。這裡討論的只是簡單隨機抽樣方式下所需的抽樣數目。

【例4-6】某食品廠要抽樣檢驗本月生產的某產品的重量，根據上月資料，這種產品每袋重量的標準差為24.1克。要求在95%的置信度下，估計總體平均每袋重量的抽樣誤差範圍不超過5克，應抽查多少袋產品？

已知：$\sigma = 24.1$，$\Delta_x = 5$，$1 - \alpha = 95\%$ 即 $Z_{\alpha/2} = 1.96$，按重複抽樣公式來計算，必要的抽樣數目為：

$$n = \frac{(Z_{\alpha/2})^2 \sigma^2}{\Delta_x^2} = \frac{1.96^2 \times 24.1^2}{5^2} = 89.25 \approx 90 \text{（袋）}$$

即至少應抽查90袋產品，才能滿足在95%的置信度下抽樣誤差範圍不超過5克的要求。

需要說明的是，當所計算出的抽樣數目不是整數時，不是按通常採用四捨五入的原則去取整數，而是要取大於該數值的最小整數，如本例中的89.25不是取為89而是取90。

這裡所計算的抽樣數目只是必要的，即滿足允許誤差要求所必需的最低限度的抽樣數目，而不是最合適的抽樣數目。實際上，為了更好地確保抽樣誤差不超過規定的允許誤差，實際抽樣的抽樣數目都要比必要的抽樣數目大一些。

二、估計總體成數所必要的抽樣數目

與估計總體均值所需抽樣數目的確定方法類似，根據成數的抽樣誤差範圍的公式（4.11），也可推導出滿足估計總體成數時的誤差要求所必要的抽樣數目。

重複抽樣條件下，計算公式為：

$$n = \frac{(Z_{\alpha/2})^2 P(1-P)}{(\Delta_p)^2} \tag{4.15}$$

在不重複抽樣條件下，計算公式為：

$$n = \frac{N Z_{\alpha/2}^2 P(1-P)}{N \Delta_p^2 + Z_{\alpha/2}^2 P(1-P)} \tag{4.16}$$

式（4.15）和式（4.16）中，P是指總體比例，這顯然是未知的，實際應用中通常只能用以前的或估計的總體成數或樣本成數來代替。若有多個值可供選擇，應取最接近0.5的值來計算。有時沒有可參考的成數估計值，最謹慎的做法就是直接取P值為0.5來計算。

【例4-7】某企業欲對一批產品進行質量檢驗，過去幾次同類調查所得的產品合格率為90%、93%和95%，為了使合格率的允許誤差不超過5%，在99.73%的置信度下

應抽查多少件產品？

已知 $\Delta_p = 5\%$，$1 - \alpha = 99.73\%$，即 $Z_{\alpha/2} = 3$。取 $P = 90\%$，在重複抽樣條件下，必要的抽樣數目為：

$$n = \frac{(Z_{\alpha/2})^2 P (1-P)}{(\Delta_p)^2} = \frac{3^2 \times 0.9 \times 0.1}{0.05^2} = 324 \text{（件）}$$

即為了滿足合格率的允許誤差不超過5%的抽樣估計要求，至少應抽查324件產品。

本章小結

（1）抽樣估計是按隨機原則從總體中抽取一部分單位構成樣本，對樣本進行調查並以調查結果估計出總體數量特徵的一種統計方法。總體指標是描述總體某一數量特徵的量，也稱為總體參數。樣本指標以及它們的函數統稱為樣本統計量。用來估計總體參數的統計量叫估計量，其具體取值就是估計值。衡量估計量好壞的主要標準是無偏性和有效性。

（2）參數估計的基本方法有點估計和區間估計。點估計是指利用樣本數據計算出估計量的值（樣本指標數值），並將其作為總體參數的估計值。區間估計是指以一定的置信度給出總體參數的一個區間範圍，常常用點估計加減抽樣誤差範圍來求得總體參數的置信區間。

（3）抽樣方法可分為重複抽樣和不重複抽樣兩種。基本的抽樣組織方式有簡單隨機抽樣、分層抽樣、等距抽樣和整群抽樣四種。抽樣方法和抽樣組織方式不同，樣本代表性也有所不同，抽樣誤差也就不同。

（4）抽樣誤差是指由抽樣的隨機性產生的樣本估計量與總體參數之間的差異。抽樣誤差的大小是用抽樣平均誤差來度量的。均值的抽樣平均誤差 $\mu_{\bar{x}}$ 取決於總體方差 σ^2、抽樣數目 n、抽樣方法和抽樣組織方式等因素。將均值的抽樣平均誤差計算公式中的總體方差 σ^2 替換為 $P(1-P)$，便可得到成數的抽樣平均誤差 μ_p。

（5）總體均值和成數的置信區間都可以表示為點估計量加減抽樣誤差範圍。大樣本條件下，均值和成數的抽樣誤差範圍都可以用抽樣平均誤差的 $Z_{\alpha/2}$ 倍來度量。小樣本情況下，均值的抽樣誤差範圍等於抽樣平均誤差的 $t_{\alpha/2}$ 倍。置信度 $1-\alpha$ 越大，$Z_{\alpha/2}$ 或 $t_{\alpha/2}$ 就越大，從而抽樣誤差範圍越大，估計精度降低。

（6）必要的抽樣數目是指滿足允許誤差要求所必需的抽樣數目的最低限度。其計算公式可根據估計均值或成數的抽樣誤差範圍的計算公式導出。

思考題與練習題

4-1 什麼情況下常常採用抽樣調查？

4-2 評價估計量優劣的主要標準是什麼？

4－3　估計總體均值、總體成數、總體方差和總體標準差時，通常採用的樣本指標分別是什麼？為什麼？

4－4　什麼是重複抽樣？什麼是不重複抽樣？其他條件相同的情況下，哪種抽樣方法的抽樣誤差較小？

4－5　基本的抽樣組織方式有哪些？它們各有什麼優越性？分別適合於什麼場合？

4－6　什麼是抽樣誤差？抽樣平均誤差的含義是什麼？如何計算？它主要受哪些因素的影響？

4－7　怎樣理解置信度的涵義？置信度與抽樣誤差範圍及置信區間有何關係？

4－8　對總體成數進行區間估計時，大樣本的具體條件是什麼？

4－9　樣本量大小對總體均值的區間估計有何影響？

4－10　影響必要抽樣數目的因素有哪些？請說明各個影響因素與必要抽樣數目的關係。

4－11　對某地區小麥產量進行抽樣調查，以1/10畝的播種面積為一塊樣地，隨機抽取了100塊樣地進行實測。調查結果，平均每塊樣地的產量為48.7千克，標準差為5.8千克。要求：

(1) 分別以70%、95%、99%的置信度估計該地區小麥平均每塊樣地產量的置信區間；並由計算結果觀察置信度變化對置信區間的影響。

(2) 假如該地區小麥播種面積為5,000畝，試以95%的置信度估計該地區小麥總產量的置信區間。

(3) 若其他數據不變而抽查的樣地有400塊，試以95%的置信度估計該地區小麥平均每塊樣地產量的置信區間，並觀察樣本量變化對置信區間的影響。

4－12　某地區對居民用於某類消費品的年支出數額進行了一次抽樣調查。抽取了400戶居民，調查得到的平均每戶支出數額為350元，標準差為47元，支出額在600元以上的只有40戶。試在95%的置信水平下估計：

(1) 平均每戶支出額的區間。

(2) 支出額在600元以上的戶數所占比例的區間。

4－13　某林區對上年栽種的一批8,000株樹苗進行了抽樣調查，隨機抽查的200株樹苗中有170株成活。試以95%的置信概率估計該批樹苗成活率及成活總數的置信區間。

4－14　從某廠生產的一批電子元件中，按不重複抽樣方法隨機抽取了1%的產品進行質量檢驗，得到如下樣本資料：

耐用時間（小時）	元件數量（只）
950以下	3
950～1,000	9
1,000～1,050	20

續表

耐用時間（小時）	元件數量（只）
1,050～1,100	54
1,100～1,150	70
1,150～1,200	34
1,200 以上	10
合計	200

要求：(1) 試以 99.73% 的把握程度估計這批元件的平均耐用時間的區間範圍；

(2) 若規定耐用時間不及 1,000 小時的元件為不合格品，試以 95% 的把握程度下估計這批元件的不合格品率的區間和不合格品數量的區間。

4-15　某廣告公司為了估計某地區收看某一新電視節目的居民人數所占比例，要設計一個簡單隨機樣本的抽樣方案。該公司希望有 90% 的信心使所估計的比例只有 2 個百分點左右的誤差。為了節約調查費用，樣本將盡可能小。試問樣本量應該多大？

4-16　某糖果廠用自動包裝機裝糖，每包重量服從正態分佈，某日開工後隨機抽查 10 包的重量如下：494, 495, 503, 506, 492, 493, 498, 507, 502, 490（單位：克）。對該日所生產的糖果，給定置信水平為 95%，試求：

(1) 平均每包重量的置信區間，若總體標準差為 5 克；

(2) 平均每包重量的置信區間，若總體標準差未知。

第五章　相關與迴歸分析

　　現實世界中，許多現象除了自身的變動以外，與其他現象相互之間可能會有一定的依存關係。例如人的身高與體重之間存在一定關係，一般說來，人高一些，體重要重一些，但同樣高度的人，體重並不完全相同；又例如人的腳的長短和身高之間有一定關係，刑偵警察可以根據發案現場犯罪嫌疑人留下的腳印推算犯罪嫌疑人的可能身高，從而有助於鎖定嫌疑對象，幫助破案；但具有相同足長的人，身高也並不絕對相同。

　　現象之間這種不確定性的依存關係，是統計研究的一個重要方面，相關與迴歸分析就是研究變量之間不確定性統計關係的重要方法。相關分析主要判斷兩個或兩個以上變量之間是否存在相關關係，分析變量間相關關係的表現形態和相關達到的程度；迴歸分析主要對存在相關關係的現象之間的數量變化規律性進行測定，揭示一個現象變化將會引起另一個現象發生怎樣的數量變化。本章將討論相關與迴歸分析的基本理論與方法，使讀者掌握相關與迴歸分析的基本原理，同時為進一步的深入學習打下基礎。

第一節　相關分析

一、相關關係的概念

（一）函數關係和相關關係

　　客觀現象之間的相互依存關係是多種多樣的，按其數量上是否對應確定可分為兩類：一類是確定性關係，即函數關係；另一類是非確定性關係，即相關關係。

　　函數關係是指變量（現象）之間確定性的數量依存關係，即當一個變量 x 取一定數值時，另一個與之有關係的變量 y 總有確定的值與之相對應。例如圓的半徑與面積的關係，個人所得與應納個人所得稅的關係等。函數關係可寫為 $y=f(x)$，通常將 x 稱為自變量（影響因素），將 y 稱為因變量（被影響因素）。例如某種商品銷售量 X、價格 P 與銷售額 Y 之間的關係可表示為 $Y=PX$；里程 D 與速度 V、時間 t 之間的關係可表示為 $D=Vt$。一般情況下，函數關係可在坐標圖上表示為一條直線或一條曲線。如圖 5-1 所示，某市出租車乘車里程與乘車費的函數關係，其函數關係式為：$y=5+1.6x$。

　　相關關係是指變量之間不確定性的數量依存關係，即指當一個變量 x 取一定數值時，與之相關的另一個變量 y 的值不能完全確定，但卻依據某種規律在一定範圍內變化。也就是說，變量之間雖然不存在一一對應的數量關係，無法由一個變量的取值精

確地確定出另一變量的值，但隨著 x 的變化，y 的數值變化呈現出一定的統計規律性。例如，企業廣告費支出與產品銷售額之間的關係。通常，企業的廣告費投入越多，產品銷售額就會越多，但是具有相同廣告費支出的企業，其產品銷售額並不完全相同，因為企業銷售額不僅受廣告投入的影響，同時還受許多其他因素的影響，這些影響因素存在不確定性。

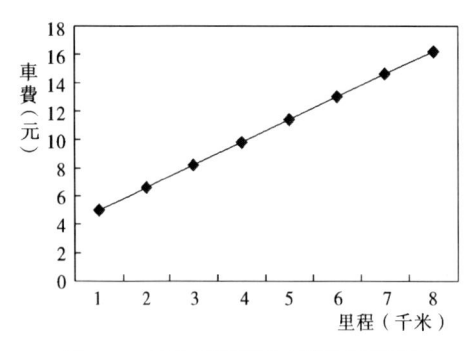

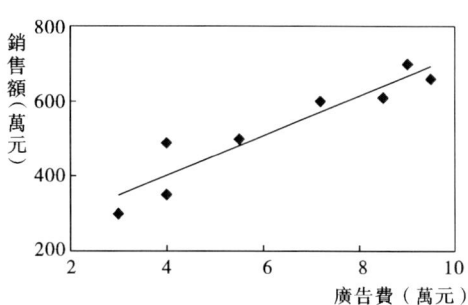

圖 5-1　乘車里程與乘車費的函數關係　　　圖 5-2　廣告費與銷售額的相關關係

無論在自然界、工程技術還是社會經濟領域，相關關係都是十分普遍的。例如，空氣的濕度與溫度、兒童的年齡與身高、地區的生產總值與財政收入、居民收入與儲蓄存款、商品價格與銷售量，等等。這些現象之間都表現出一種相關關係。一般情況下，如果兩個變量呈相關關係，將它們的若干實際觀測值標示在平面坐標圖上，各觀測值點會表現出圍繞一條直線或一條曲線而上下波動的形態，如圖 5-2 所示的廣告費與銷售額的相關關係。

實際解決生活中，受測量誤差等的影響，函數關係也會表現出某種程度的不確定性；雖然相關變量之間的數量變動表現出一定的波動性，但是這種波動總是按照一定的分佈規律圍繞其理論均值而波動的，因此可以通過函數關係進行研究。

(二) 真實相關與虛假相關

在理解相關關係時，必須區別真實相關與虛假相關。真實相關是指現象之間確實存在某種客觀的內在聯繫，不是主觀臆造的或者數據上偶然的巧合。實際中，由於某些原因或者由於受到其他潛在變量的影響，甚至於完全是偶然的巧合，一些原本沒有關係的現象呈現出一種表面上的相關關係。這種不真實的相關情況通常稱為假相關或偽相關。假相關或偽相關的出現，會嚴重影響我們對現象之間真實關係的判斷，以致得出錯誤的結論。例如，有人曾計算出某月上海證券交易所的股票價格綜合指數與當地氣溫呈高度正相關，而從經濟理論和定性認識角度，可以看出二者是沒有關係的，數據表面上表現出來的相關只能被認為是虛假相關。這就告訴我們，對現象間的相關關係進行統計分析時，必須要以定性分析為前提。

(三) 相關關係與因果關係

在理解相關關係時，還必須區別相關關係與因果關係。因果關係是指有相關關係的變量中，一種（或一些）變量的變化是另一被影響變量變化的原因。顯然，現象之

間存在因果關係，就必然存在相關關係，但相關關係不一定都是因果關係，因為相關關係還包含互為因果的情況。例如，合理的施肥量和作物產量具有因果關係，同時也是相關關係，而人的身高與體重互為因果，但也是相關關係。

二、相關關係的類型

相關關係的類型不同，研究內容和方法也就有所不同。相關關係的類型可從不同角度來加以劃分。

(一) 單相關和復相關

按照相關關係涉及變量的多少，相關關係可分為單相關和復相關。單相關又稱一元相關，是指僅涉及兩個變量的相關關係；復相關又稱多元相關，指涉及三個或三個以上變量的相關關係。例如，企業銷售額與廣告費支出之間的相關關係就屬於單相關，而商品銷售額與居民收入、商品價格等變量之間的相關關係就屬於復相關。本教材主要介紹單相關的分析方法。

(二) 線性相關和非線性相關

按照相關關係的表現形式不同，相關關係可分為線性相關和非線性相關。當變量之間的數量關係大體上接近於一條直線時，就稱變量之間存在線性相關或直線相關。當變量之間的數量關係大體上接近於一條曲線時，就稱變量之間存在非線性相關或曲線相關。從較大的觀察範圍來看，許多相關關係呈非線性，例如各地區的電視機普及率與居民收入的關係，隨著居民收入的不斷增長，電視機普及率上升到一定水平後會趨於穩定，不可能一直呈直線上升。實際應用中，直線相關是簡單而且也較為普遍的形式。本教材的討論主要針對直線相關。

(三) 正相關和負相關

按照相關現象變化的方向不同，相關關係可分為正相關和負相關。正相關是指當一個變量的值增加或減少時，另一個變量的值也隨之增加或減少。如廣告費與銷售額的關係、居民收入與儲蓄額的關係、身高與體重的關係等都呈正相關。負相關是指當一個變量的值增加或減少時，另一變量的值反而減少或增加。例如，商品流轉額與流通費用率的關係、產量與單位成本的關係、居民可支配收入與食品支出比重等呈負相關。

三、相關關係分析的基本內容

相關分析的主要內容是：在定性分析的基礎上，根據觀測數據繪製相關圖（散點圖）、製作相關表並計算相關係數，借以說明變量之間有無相關關係、相關的方向、關係的密切程度。

(一) 相關圖

相關圖常常用來直觀地顯示兩個變量之間的相關關係，是進行相關分析和迴歸分析的重要工具。將兩個變量成對的觀測數據在坐標圖上標示出來，變量 x 的值為橫坐標，另一個變量 y 對應的數值為縱坐標，一對觀測值對應一個點，樣本數據若有 n 對

觀測值，則相應的 n 個點形成的圖形就稱為相關圖。如果一個是原因，另一個是結果，則通常將原因放在橫軸。

根據相關圖，可以觀察變量之間有怎樣的相關關係、相關方向是正還是負、相關形式是線性還是非線性、相關程度是強還是弱。

正相關的散點圖是從左到右向上傾斜的，如圖 5－3(a)、5－3(b)；負相關的散點圖是從左到右向下傾斜的，如圖 5－3(c)、5－3(d)。如果變量之間呈線性相關，其散點圖明顯呈線性形式，即所有的點分佈在一條直線周圍，如圖 5－3(a)～5－3(d)。如果散點大致呈一條曲線形式分佈，則是非線性相關，如圖 5－3(e)。相關性的強弱也可以從散點圖中觀測值的密集幅度來判定。散點越是密集地分佈在一條直線和曲線周圍，相關程度就越高（圖 5－3(a)、5－3(b)、5－3(c)、5－3(e)），反之越低（圖 5－3(d)）。

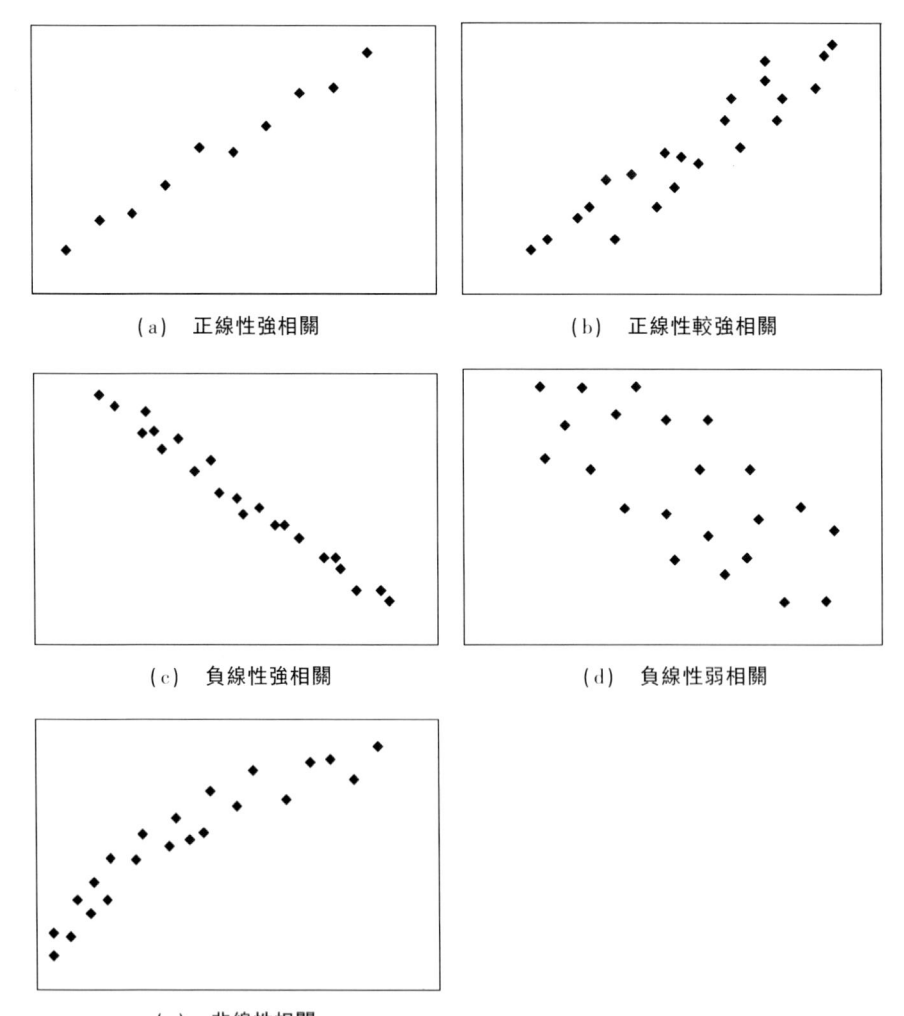

(a) 正線性強相關

(b) 正線性較強相關

(c) 負線性強相關

(d) 負線性弱相關

(e) 非線性相關

圖 5－3　不同相關類型的散點圖

(二) 相關係數

1. 一元線性相關係數的計算公式

相關係數是反應具有線性相關關係的變量之間相關密切程度的指標。

雖然我們通過相關圖可以判斷變量間相關的形式和方向，也可以大致判斷相關的強弱程度，但相關圖中點的分佈是否接近直線或曲線，只憑眼睛還不能準確判斷。因為散點圖還受坐標軸刻度變化的影響。同樣的數據，坐標軸刻度不同，視覺會產生明顯的不同效果；同時，相關圖也不能給出相關關係密切程度的數值度量。因此，還必須採用精確的數量測度方法，這就需要計算相關係數。

對於不同類型的相關關係，所計算的相關係數也有所不同（例如線性相關係數、非線性相關係數、單相關係數、復相關係數等）。度量兩個變量之間的線性相關程度可用一元線性相關係數（也稱簡單線性相關係數）。由於各種類型的相關分析中，兩個變量的線性相關關係的分析是最簡單的，簡單線性相關係數是最常用的，因此通常將簡單線性相關係數簡稱為相關係數（本章下文中的相關係數，未加說明的都指簡單線性相關係數），相關係數用 r 表示。其公式為：

$$r = \frac{S_{xy}}{S_x S_y} = \frac{\sum(x-\bar{x})(y-\bar{y})}{\sqrt{\sum(x-\bar{x})^2}\sqrt{\sum(y-\bar{y})^2}} \tag{5.1}$$

公式中的 S_{xy} 是兩個變量 x 與 y 的協方差，S_x、S_y 分別是兩個變量的標準差，n 是變量的個數。

為了避免計算離差的繁瑣，式 (5.1) 也可演變為下列計算公式：

$$r = \frac{n\sum xy - \sum x \sum y}{\sqrt{n\sum x^2 - (\sum x)^2}\sqrt{n\sum y^2 - (\sum y)^2}} \tag{5.2}$$

式 (5.1) 或 (5.2) 中，x 和 y 分別是兩個變量的觀測值（這裡省略了觀測值的下標 i，$i = 1, 2, \cdots, n$），n 為樣本量，$\bar{x}$ 和 $\bar{y}$ 分別是變量 x 和 y 的觀測值均值。

2. 相關係數的性質

(1) 若相關係數 $r > 0$，表明兩個變量正相關；若 $r < 0$，表明兩個變量負相關；若 $r = 0$，則表明兩個變量之間沒有線性相關關係。

(2) 相關係數 r 的取值在 -1 與 $+1$ 之間。當 $|r| = 1$ 時，表明兩個變量呈完全線性相關，相關圖中所有觀測值落在一條直線上。相關係數的絕對值越接近於 1，表示兩變量線性相關程度越高；反之，相關係數的絕對值越接近於 0，表示兩變量線性相關程度越低。

(3) 在相關分析中，兩個變量的地位是對等的，二者互換位置後，相關係數的數值不變，即 $r_{x,y} = r_{y,x}$。

3. 應用相關係數進行分析應注意的問題

(1) 相關係數只適合衡量兩個定量變量之間的相關性，不適合於定性變量。例如，性別與愛好的相關、職業與收入的相關，就不能用上述相關係數來測度。

(2) 相關係數只能反應變量間線性相關的程度，不能說明非線性相關關係的程度。

當 r 接近於 0 時，只能說兩變量間幾乎沒有線性相關關係，但有可能存在某種非線性相關關係。

（3）相關係數反應變量的線性相關程度，不能確定變量間的因果關係。要判斷有無因果關係以及誰是「因」誰是「果」，往往需要理論分析或常識分析，有時甚至需要比較實驗。

【例 5-1】發生車禍次數與司機年齡有關嗎？作為交通安全研究的一部分，美國交通部採集了每 1,000 個駕駛執照發生死亡事故的車禍次數和有駕駛執照的司機中 21 歲以下者所占比例的數據，樣本由 42 個城市組成，在一年間採集的數據如表 5-1 的第（1）和（2）列所示。試計算二者之間的相關係數。

表 5-1　　21 歲以下駕駛執照司機所占比重與發生車禍次數計算表

21歲以下者所占比例 (%) x	每千個駕駛執照中發生車禍次數 y	$x-\bar{x}$	$y-\bar{y}$	$(x-\bar{x})(y-\bar{y})$	$(x-\bar{x})^2$	$(y-\bar{y})^2$	xy	x^2	y^2
(1)	(2)	(3)	(4)	(5)	(6)	(7)	(8)	(9)	(10)
8	0.885	-4.261,9	-1.039,4	4.429,8	18.163,8	1.080,4	7.080,0	64	0.783,2
8	0.368	-4.261,9	-1.556,4	6.633,2	18.163,8	2.422,4	2.944,0	64	0.135,4
8	0.645	-4.261,9	-1.279,4	5.452,7	18.163,8	1.636,9	5.160,0	64	0.416,0
8	2.19	-4.261,9	0.265,6	-1.131,9	18.163,8	0.070,5	17.520,0	64	4.796,1
8	0.82	-4.261,9	-1.104,4	4.706,9	18.163,8	1.219,7	6.560,0	64	0.672,4
8	1.267	-4.261,9	-0.657,4	2.801,8	18.163,8	0.432,2	10.136,0	64	1.605,3
9	1.082	-3.261,9	-0.842,4	2.747,8	10.640,0	0.709,6	9.738,0	81	1.170,7
9	1.433	-3.261,9	-0.491,4	1.602,9	10.640,0	0.241,5	12.897,0	81	2.053,5
9	0.338	-3.261,9	-1.586,4	5.174,7	10.640,0	2.516,7	3.042,0	81	0.114,2
9	0.835	-3.261,9	-1.089,4	3.553,5	10.640,0	1.186,8	7.515,0	81	0.697,2
9	0.926	-3.261,9	-0.998,4	3.256,7	10.640,0	0.996,8	8.334,0	81	0.857,5
10	0.039	-2.261,9	-1.885,4	4.264,6	5.116,2	3.554,8	0.390,0	100	0.001,5
10	1.014	-2.261,9	-0.910,4	2.059,2	5.116,2	0.828,8	10.140,0	100	1.028,2
10	0.493	-2.261,9	-1.431,4	3.237,7	5.116,2	2.048,9	4.930,0	100	0.243,0
10	1.926	-2.261,9	0.001,6	-0.003,6	5.116,2	0.000,0	19.260,0	100	3.709,5
11	2.091	-1.261,9	0.166,6	-0.210,2	1.592,4	0.027,8	23.001,0	121	4.372,3
11	1.849	-1.261,9	-0.075,4	0.095,2	1.592,4	0.005,7	20.339,0	121	3.418,8
11	1.294	-1.261,9	-0.630,4	0.795,5	1.592,4	0.397,4	14.234,0	121	1.674,4
12	0.708	-0.261,9	-1.216,4	0.318,6	0.068,6	1.479,6	8.496,0	144	0.501,3
12	1.652	-0.261,9	-0.272,4	0.071,3	0.068,6	0.074,2	19.824,0	144	2.729,1
12	1.405	-0.261,9	-0.519,4	0.136,0	0.068,6	0.269,8	16.860,0	144	1.974,0
12	2.246	-0.261,9	0.321,6	-0.084,2	0.068,6	0.103,4	26.952,0	144	5.044,8
12	1.913	-0.261,9	-0.011,4	0.003,0	0.068,6	0.000,1	22.956,0	144	3.659,6
13	2.962	0.738,1	1.037,6	0.765,8	0.544,8	1.076,6	38.506,0	169	8.773,4
13	1.142	0.738,1	-0.782,4	-0.577,5	0.544,8	0.612,2	14.846,0	169	1.304,2

表5-1(續)

21歲以下者所占比例(%)x	每千個駕駛執照中發生車禍次數y	$x-\bar{x}$	$y-\bar{y}$	$(x-\bar{x})(y-\bar{y})$	$(x-\bar{x})^2$	$(y-\bar{y})^2$	xy	x^2	y^2
13	2.634	0.738,1	0.709,6	0.523,7	0.544,8	0.503,5	34.242,0	169	6.938,0
14	2.885	1.738,1	0.960,6	1.669,6	3.021,0	0.922,7	40.390,0	196	8.323,2
14	2.352	1.738,1	0.427,6	0.743,2	3.021,0	0.182,8	32.928,0	196	5.531,9
14	2.89	1.738,1	0.965,6	1.678,3	3.021,0	0.932,4	40.460,0	196	8.352,1
14	1.443	1.738,1	-0.481,4	-0.836,7	3.021,0	0.231,8	20.202,0	196	2.082,2
14	1.643	1.738,1	-0.281,4	-0.489,1	3.021,0	0.079,2	23.002,0	196	2.699,4
15	2.623	2.738,1	0.698,6	1.912,8	7.497,2	0.488,0	39.345,0	225	6.880,1
15	3.224	2.738,1	1.299,6	3.558,4	7.497,2	1.688,9	48.360,0	225	10.394,2
15	2.814	2.738,1	0.889,6	2.435,8	7.497,2	0.791,4	42.210,0	225	7.918,6
16	2.801	3.738,1	0.876,6	3.276,8	13.973,4	0.768,4	44.816,0	256	7.845,6
16	3.623	3.738,1	1.698,6	6.349,5	13.973,4	2.885,2	57.968,0	256	13.126,1
16	2.943	3.738,1	1.018,6	3.807,6	13.973,4	1.037,5	47.088,0	256	8.661,2
17	2.627	4.738,1	0.702,6	3.329,0	22.449,5	0.493,6	44.659,0	289	6.901,1
17	4.1	4.738,1	2.175,6	10.308,2	22.449,5	4.733,2	69.700,0	289	16.810,0
17	3.256	4.738,1	1.331,6	6.309,2	22.449,5	1.773,1	55.352,0	289	10.601,5
18	3.83	5.738,1	1.905,6	10.934,5	32.925,7	3.631,3	68.940,0	324	14.668,9
18	3.614	5.738,1	1.689,6	9.695,1	32.925,7	2.854,7	65.052,0	324	13.061,0
515	80.825	0.000,0	0.000,0	115.305,5	402.119,0	46.990,8	1,106.374,0	6,717	202.530,8

　　先通過定性分析判定兩變量間存在相關關係（散點圖見圖5-4），再列表計算出有關數據。若採用公式（5.1），需要計算的數據見表5-1的第（3）至（7）列，若採用公式（5.2），則需要計算的數據為表5-1的第（8）至（10）列。

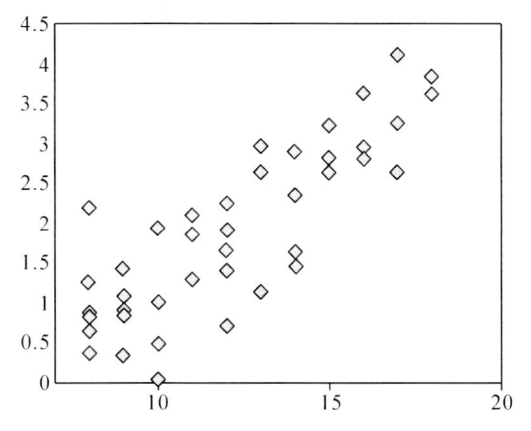

圖5-4　21歲以下駕駛執照司機所占比重與發生車禍次數散點圖

於是，根據公式（5.1）可計算樣本相關係數：

$$r = \frac{115.305,5}{\sqrt{402.119,0}\sqrt{46.990,8}} = 0.838,8$$

或根據公式（5.2）可計算樣本相關係數：

$$r = \frac{42 \times 1,106.374,0 - 515 \times 80.825,0}{\sqrt{42 \times 6,717 - 515^2}\sqrt{42 \times 202.530,8 - 80.825,0^2}}$$

$$= \frac{4,842.833,0}{5,773.416,9} = 0.838,8$$

上述計算結果表明，21歲以下駕駛執照司機所占比重與發生車禍次數之間存在高度的正相關關係。

利用 Excel 可以很方便地求出相關係數。其具體操作方法是：在 Excel 的工作表中分別輸入各個變量的數據；點擊「數據」「數據分析」，選擇「相關係數」，確定後出現一個「相關係數」對話框（如圖 5-5 所示）；在其「輸入區域」中輸入樣本數據所在區域；各個變量的數據是按列放置的，在「分組方式」欄點「逐列」（如果是按行放置的，就點「逐行」）；如果輸入區域的第一行（列）為變量名，就點擊「標誌位於第一行（列）」；在輸出區域欄中指定輸出結果的起點位置（也可以選擇「新工作表組」或「新工作簿」），最後點「確定」即可得到相關係數（見圖 5-5 中左下區域）。相關係數的輸出表實際上是一個相關係數矩陣即兩兩之間的相關係數。涉及多個變量時，這一計算功能的優越性更加突出。

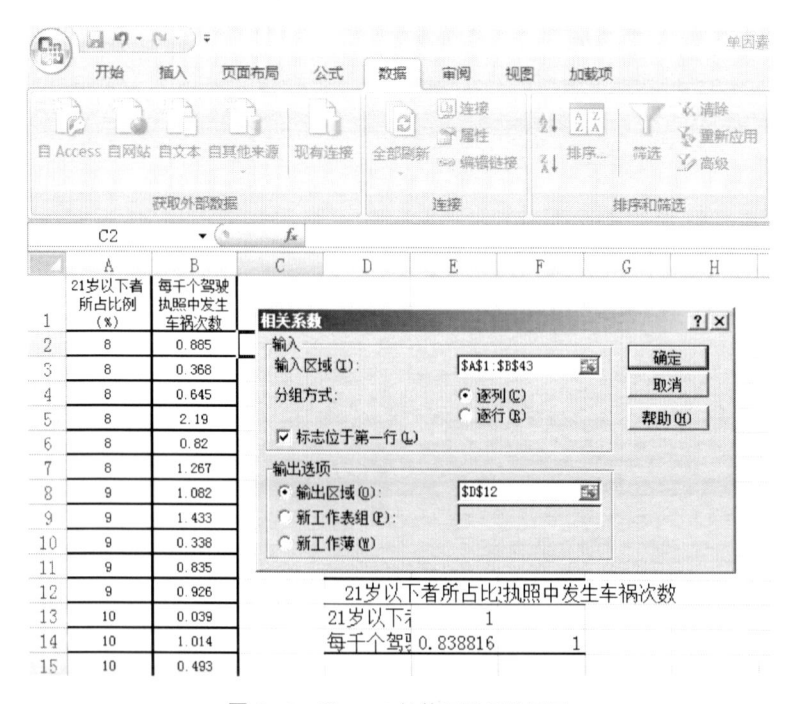

圖 5-5　用 Excel 計算相關係數圖示

第二節　一元線性迴歸分析

「迴歸」一詞是 19 世紀中後期由英國生物學家高爾頓在遺傳學研究中首先提出來的。高爾頓發現相對於一定身高的父母，子女的平均身高有朝向人類平均身高移動或迴歸的趨勢。

迴歸分析法是指借助數學方程揭示具有相關關係的變量之間數量變化規律的方法，迴歸分析中的數學方程稱為迴歸方程。

相關分析與迴歸分析有密切的聯繫，相關分析是迴歸分析的前提，只有當變量間存在相關關係時，進行迴歸分析才有實際的意義，而且，變量間相關程度越高，迴歸分析效果也就越好。相關分析與迴歸分析也有著明顯的區別。從研究目的看，相關分析是測量變量間相互聯繫的種類和密切程度；迴歸分析則通過建立迴歸方程，以自變量（解釋變量或影響因素）的值去估計和預測因變量（被解釋變量或被影響因素）的平均值。從對變量的處理方法看，相關分析不必區分自變量和因變量，兩個變量是對等的；而迴歸分析必須區分自變量和因變量，其中原因是自變量，結果是因變量。

1. 一元線性迴歸方程的估計

迴歸分析中，根據影響因素個數的不同，可以分為一元迴歸（一個自變量）分析和多元迴歸（多個自變量）分析；根據變量間相關的形態，可以分為線性迴歸分析和非線性迴歸分析。只有兩個變量的線性迴歸分析稱為一元線性迴歸分析或簡單線性迴歸分析。

如果因變量 y 和自變量 x 之間為線性相關關係，就可建立一元線性迴歸方程，其形式如下：

$$\hat{y} = a + bx \tag{5.3}$$

式（5.3）中，$\hat{y}$ 為迴歸估計值；a 和 b 為迴歸方程的參數，a 是迴歸直線的截距，是當 $x = 0$ 時 y 的平均值；b 是迴歸直線的斜率，也稱為迴歸系數，它表示自變量 x 每增加一個單位時因變量 y 的平均變化量。迴歸系數是比截距更為重要的參數，因為因變量隨自變量變化而變化的數量關係，是由迴歸系數來體現的。

估計一元線性迴歸方程，就是要確定式（5.3）中的兩個系數 a 和 b。確定 a 和 b 的方法，最常用的是最小平方法或最小二乘法。

所謂最小平方法（最小二乘法），要求建立的迴歸直線滿足全部觀測值與對應的迴歸估計值的離差平方和最小的條件，即：

$$\sum_{i=1}^{n}(y_i - \hat{y}_i)^2 = \sum_{i=1}^{n}[y_i - (a + bx_i)]^2 = 最小 \tag{5.4}$$

其實際意義是：從整體來看迴歸直線最接近各個實際觀察點，即因變量的實際值與對應的迴歸估計值的離差整體來說為最小（誤差最小）。由於離差有正有負，正負會相互抵消，故以離差平方總和來衡量全部數據總的離差大小。

顯然，離差平方總和的大小依賴於 a 和 b 的取值，要使實際值和估計值之間的離

差平方和最小，即轉化為求出一對什麼樣的 a 和 b 來滿足這一條件。利用微分法求函數極值的原理，即可得到滿足式（5.4）的兩個正規方程：

$$\begin{cases} \sum y = na + b\sum x \\ \sum xy = a\sum x + b\sum x^2 \end{cases} \tag{5.5}$$

解上述方程可以求出 a 和 b。通常將求 a 和 b 的計算公式寫為如下形式：

$$\begin{cases} b = \dfrac{\sum(x-\bar{x})(y-\bar{y})}{\sum(x-\bar{x})^2} = \dfrac{n\sum xy - \sum x \sum y}{n\sum x^2 - (\sum x)^2} \\ a = \dfrac{\sum y}{n} - b \times \dfrac{\sum x}{n} = \bar{y} - b\bar{x} \end{cases} \tag{5.6}$$

【例 5-2】根據例 5-1 的數據，建立 21 歲以下駕駛執照司機所占比重與發生車禍次數的迴歸方程。

解：21 歲以下駕駛執照司機所占比重顯然是影響發生車禍次數的一個重要因素，應該以 21 歲以下駕駛執照司機所占比重為自變量 x，以發生車禍次數為因變量 y。根據表 5-1 中的計算結果，由式（5.6）可得：

$$b = \frac{\sum(x-\bar{x})(y-\bar{y})}{\sum(x-\bar{x})^2} = \frac{115,305.5}{402,119.0} = 0.286,7$$

或 $$b = \frac{n\sum xy - \sum x \sum y}{n\sum x^2 - (\sum x)^2} = \frac{42 \times 1,106,374.0 - 515 \times 80,825.0}{42 \times 6,717 - 515^2} = \frac{4,842.833}{16,889} = 0.286,7$$

所得迴歸方程為：$\hat{y} = -1.591,6 + 0.286,7x$ [①]

該迴歸方程表明，21 歲以下者所占比例每增加 1%，平均說來發生車禍的次數將增加 0.286,7%。

運用 Excel 可以很方便地進行迴歸分析。在「數據」菜單的「數據分析」中選擇「迴歸」，點「確定」後出現一個迴歸對話框（見圖 5-6），在「y 值輸入區域」一欄輸入因變量觀測數據的起止單元格，在「x 值輸入區域」中一欄輸入自變量觀測數據的起止單元格，點擊「標誌」（因為這裡輸入區域的第一行是變量名，如果輸入區域只有觀測值，就不選此項），在「輸出區域」一欄指定顯示輸出結果的單元格起點（也可以選擇「新工作表組」或「新工作簿」），最後點「確定」，即可得到迴歸估計結果（見圖 5-7）。

---

① 這裡 b 與後邊 Excel 輸出的 b 不一致，系小數點取捨所致。

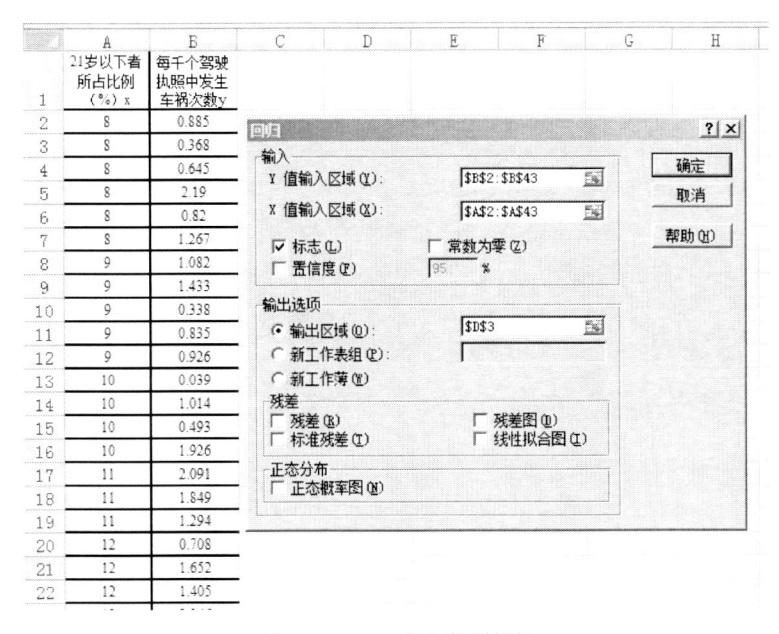

圖 5-6　Excel 的迴歸對話框

　　迴歸分析的輸出結果包括「迴歸統計」「方差分析」和「迴歸系數估計」等三個部分，從輸出結果的「Coefficients」下可得到截距項 a （Intercept）的估計值為 -1.621,8，迴歸系數 b （圖中為「每千個駕駛執照中發生車禍次數」）的估計值為 0.288,2。據此可得迴歸方程為：$\hat{y} = -1.621,8 + 0.288,2x$。

圖 5-7　利用 Excel 進行迴歸的輸出結果

　　圖 5-7 的輸出結果還提供了對變量間線性相關關係進行顯著性檢驗所需的信息。讀者可據此進行判斷：（1）根據「方差分析」部分給出的「Significance F」值進行判斷。Significance F 值越小，越能夠說明變量間的線性相關關係顯著、迴歸方程有效。一

85

般該值在 0.05 以下即至少有 95% 的把握程度認為變量間線性相關關係顯著、迴歸方程有效。本例中，Significance F = 1.14 - E11，所以，至少有 99% 的把握程度可認為 21 歲以下駕駛執照司機所占比重與發生車禍的次數間存在顯著的線性相關關係，所建立的迴歸方程是有效的。(2) 根據迴歸系數檢驗的 P - value 值判斷。判斷原則和前述相同，即該值越小，變量間的線性相關關係越顯著、迴歸方程越有效。本例中，P - value 值 = 1.14 - E11，則至少有 99% 的把握程度可認為 21 歲以下駕駛執照司機所占比重與發生車禍的次數間存在顯著的線性相關關係，所建立的迴歸方程有效。不難發現，就一元線性相關和一元線性迴歸的檢驗而言，上述兩個檢驗是等價的。

對迴歸輸出結果的其他內容將在後面解釋。

二、一元線性迴歸方程的擬合效果

(一) 擬合優度的度量

根據最小平方法建立的樣本迴歸方程所得的迴歸直線，相對於其他任何一條直線而言，距離實際數據點最近；但實際數據點本身圍繞迴歸直線的密集程度不同，越是密集的數據（即線性相關程度越高），所得迴歸直線對數據的擬合效果越好，反之越差。為此，我們還有必要瞭解樣本迴歸方程對樣本觀測數據擬合的優劣程度，即要對擬合優度進行度量。

為了說明擬合優度，需要對因變量的總離差平方和進行分解。

樣本數據中每個觀測值與平均值 $\bar{y}$ 的離差 $y_i - \bar{y}$ 可以分解為兩部分：

$$y_i - \bar{y} = (\hat{y}_i - \bar{y}) + (y_i - \hat{y}_i) \tag{5.7}$$

等式右邊第一項 $\hat{y}_i - \bar{y}$ 稱為迴歸離差，它是隨自變量 x 的取值不同而不同的，也就是說這部分離差的方向和大小可以由自變量的變化來加以解釋；第二項 $y_i - \hat{y}_i$ 稱為殘差，這部分離差是除了自變量 x 以外的其餘因素引起的，其方向和大小都是不確定的，不能由迴歸方程來解釋說明。如圖 5 - 8 所示。

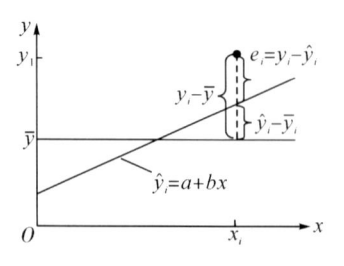

圖 5 - 8　因變量離差的分解

將式 (5 - 7) 兩邊平方並對所有觀測值加總，可證明：

$$\sum (y_i - \bar{y})^2 = \sum (\hat{y}_i - \bar{y})^2 + \sum (y_i - \hat{y}_i)^2 \tag{5.8}$$

在公式 (5.8) 中，$\sum (y_i - \bar{y})^2$ 稱為總離差平方和，反應因變量 y 總的變異；$\sum (\hat{y}_i - \bar{y})^2$ 稱為迴歸平方和，表示因變量 y 總的變異中可由迴歸直線作出解釋的部

分；$\sum(y_i - \hat{y}_i)^2$ 稱為殘差平方和，是因變量 y 總的變異中樣本迴歸直線無法解釋的部分。顯然，如果總離差平方和中迴歸平方和所占比重越大，殘差平方和所占比重越小，那麼樣本迴歸直線對樣本數據的擬合程度就越好。因此，可用迴歸平方和在總離差平方和中所占比重來度量樣本迴歸直線的擬合程度，這一比重稱為判定系數（也稱可決系數），在一元線性迴歸分析中一般用 r^2 來表示。其計算公式為：

$$r^2 = \frac{\sum(\hat{y}_i - \bar{y})^2}{\sum(y_i - \bar{y})^2} = 1 - \frac{\sum(y_i - \hat{y}_i)^2}{\sum(y_i - \bar{y})^2} \tag{5.9}$$

判定系數 r^2 有如下特點：

（1）判定系數的取值範圍為：$0 \leq r^2 \leq 1$；r^2 越接近 1，說明樣本迴歸方程擬合效果越好；反之，r^2 越接近 0，說明樣本迴歸方程擬合效果越差。

（2）在一元線性迴歸中，判定系數就等於相關係數的平方。

由此，也可以得到相關係數的另一個計算公式：

$$r = \sqrt{\frac{\sum(\hat{y}_i - \bar{y})^2}{\sum(y_i - \bar{y})^2}} = \sqrt{1 - \frac{\sum(y_i - \hat{y}_i)^2}{\sum(y_i - \bar{y})^2}} \tag{5.10}$$

顯然，由（5.10）計算的相關係數不能確定是正相關還是負相關，其相關方向需根據迴歸係數的正負號或相關圖或定性分析來判斷。在 Excel 迴歸分析結果的第一部分，第二行的 R Square 即判定系數；第一行的 Multiple R 即相關係數。如例 5－2 中，相關係數為 0.835，0 判定系數為 0.697，2，（見圖 5－7）。

（二）迴歸估計標準誤差

從上述分析可知，樣本迴歸方程擬合效果越好，觀測值與估計值的誤差即殘差就越小。但是，度量迴歸估計誤差的大小顯然不能只看個別觀測點，而要考察全部樣本數據，這就需要計算迴歸估計標準誤差。

利用迴歸方程得到的因變量估計值，總與實際觀測值有或大或小、或正或負的誤差，為了從全部樣本數據來說明估計誤差大小的一般水平，可對全部觀測值的殘差平方進行平均，得到均方誤差（用 S_e^2 或 MSE 表示）：

$$MSE = \frac{\sum_{i=1}^{n}(y_i - \hat{y}_i)^2}{n - 2} \tag{5.11}$$

MSE 的平方根就是迴歸估計的標準誤差（用 S_e 表示），計算公式為：

$$S_e = \sqrt{MSE} = \sqrt{\frac{\sum_{i=1}^{n}(y_i - \hat{y}_i)^2}{n - 2}} \tag{5.12}$$

迴歸估計標準誤差 S_e 既可以衡量樣本迴歸方程的擬合效果，更是迴歸預測所必須瞭解的一個指標。S_e 越小，平均來看估計誤差就越小。對預測而言，實際預測誤差是未知的，但只要影響變量的因素沒有重大變化，S_e 越小，預測誤差通常也會越小。

根據式（5.12）來計算 S_e 是較為繁瑣的一個過程，但 Excel 的迴歸統計中同樣也

已經給出了 S_e 的計算結果。如例 5-2 中，迴歸估計標準誤差 S_e 為 0.596,8（在輸出結果的第一部分，見圖 5-7）。

三、利用一元線性迴歸方程進行預測[①]

迴歸分析的一個主要目的是利用估計的迴歸方程對因變量作合理的預測。如果所建立的迴歸方程是有效的，就可以利用迴歸方程根據自變量 x 的數值來估計或預測因變量的可能值，即迴歸預測。迴歸預測分為點預測和區間預測。

點預測就是將自變量預測期的數值代入所估計的迴歸方程，計算出因變量相應的點預測值。例如，根據例 5-2 所估計的迴歸方程，當 21 歲以下駕駛執照司機所佔比重為 8.5% 時，可預測發生車禍的次數為：

$\hat{y} = -1.621,8 + 0.288,2 \times 8.5 = 0.827,9$（次）

點預測不能說明預測的精度，因此，像前述參數區間估計一樣，常常還需要對因變量的可能值進行區間預測。

區間預測總是與給定的置信水平 $1-\alpha$ 相聯繫的。對於自變量的某個數值 x_f，因變量可能取值的預測區間一般表示為：

$$\hat{y}_f \mp \Delta \tag{5.13}$$

其中，$\hat{y}_f$ 是 $x = x_f$ 時因變量 y 的點估計值，Δ 為預測的誤差範圍，其計算公式為：

$$\Delta = t_{\alpha/2} S_e \sqrt{1 + \frac{1}{n} + \frac{(x_f - \bar{x})^2}{\sum (x - \bar{x})^2}} \tag{5.14}$$

式（5.14）中，$t_{\alpha/2}$ 可以查 t 分佈表或由 Excel 的 TINV 函數可得。S_e 是迴歸估計標準誤差。

由式（5.14）可知，迴歸預測的誤差範圍大小取決於下列因素：

(1) 置信水平 $1-\alpha$。置信水平越大，$t_{\alpha/2}$ 就越大，從而預測的誤差範圍也就越大。

(2) 迴歸估計標準誤差 S_e。S_e 越大，預測的誤差範圍也就越大。

(3) 自變量的取值與均值的距離 $|x_f - \bar{x}|$。當 $x_f = \bar{x}$ 時，$(x_f - \bar{x})^2 = 0$，此時預測區間最窄。x_f 離 $\bar{x}$ 越遠，$(x_f - \bar{x})^2$ 越大，預測區間就越寬。可見，預測區間的寬度是隨 x_f 的變化而變化的，將對應於不同自變量取值的預測區間上下限分別連接起來，則可明顯看到，預測區間上下限表現為關於迴歸直線對稱的兩條喇叭型曲線。如圖 5-9 所示。正因為如此，作迴歸預測時，自變量的取值 x_f 不宜離 $\bar{x}$ 太遠，否則預測的精度會大大降低。

[①] 這部分內容可以根據實際情況選擇使用。

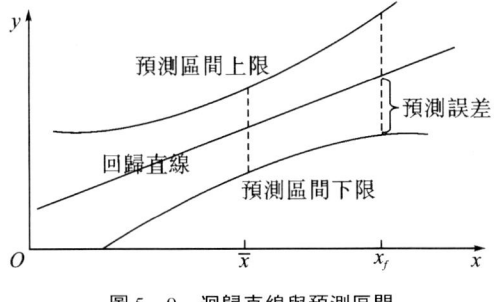

圖 5-9　迴歸直線與預測區間

　　(4) 樣本量 n。n 越大，$1/n$ 越小，而且 $t_{\alpha/2}$ 就越小（α 相同的情況下），$\sum (x_i - \bar{x})^2$ 也越大，所以預測誤差範圍就越小。

　　當 n 充分大時，$t_{\alpha/2}$ 可用 $Z_{\alpha/2}$ 來近似，式（5.14）中根號裡的值趨近於 1。因此，在 $1-\alpha$ 的置信水平下，已知 $x = x_f$ 時，利用一元線性迴歸方程估計因變量取值 y_f 的預測區間可近似用下述公式計算：

$$(a + bx_f) \mp Z_{\alpha/2} S_e \tag{5.15}$$

【例 5-4】根據例 5-2 所估計的迴歸方程，以置信水平 0.95 求當 21 歲以下駕駛執照司機所占比重為 8.5% 時，發生車禍的次數的預測區間。

根據樣本數據，可計算出（參見表 5-2）：

$\bar{x} = 12.261,9$，$\sum (x_i - \bar{x})^2 = 402.119,0$

已知 $n = 42$，查 t 分佈表或由 Excel 的函數 TINV 可得：自由度為 $42 - 2$ 時，置信水平為 0.95 對應的 $t_{\alpha/2}$ 2.021,1。因此，由（5.14）可得，當 $x_f = 8.5\%$ 時，相應的銷售額的預測誤差範圍 Δ 為：

$$\Delta = t_{\alpha/2} S_e \sqrt{1 + \frac{1}{n} + \frac{(x_f - \bar{x})^2}{\sum (x - \bar{x})^2}}$$

$$= 2.021,1 \times 0.596,8 \times \sqrt{1 + \frac{1}{42} + \frac{(8.5 - 12.261,9)^2}{402.119,0}} = 1.241,3$$

在 0.95 的置信水平下，發生車禍的次數的預測區間為：$(0.827,9 - 1.241,3,\ 0.827,9 + 1.241,3)$ 即 $(0, 2.069,2)$ 次[①]。

　　最後，我們要特別強調，應用迴歸分析時要注意如下問題：

　　第一，要注意定量與定性分析相結合。與相關分析一樣，迴歸分析也只是從數據出發定量地分析變量間相互依存關係的一種統計手段，並不能揭示現象相互之間的本質聯繫。因此，在定量分析之前，必須根據相關學科或實際經驗判斷變量間確實具有真實的內在聯繫。如果對本來沒有內在聯繫的現象進行相關分析和迴歸分析，就可能出現「偽相關」或「偽迴歸」，其結果不僅沒有實際的意義，而且可能導致荒謬的

---

① 車禍次數不可能為負數，故下限取為 0。

結論。

第二，利用迴歸方程進行預測時，若自變量取值超出了樣本數據的範圍，預測結果是不可靠的。即使所估計的迴歸方程通過了顯著性檢驗，而且擬合效果很好，那也只能說明在樣本數據範圍內它可以很好地代表變量間的數量關係，超過這一範圍，變量間的數量關係很可能發生變化，所估計的迴歸方程很可能就沒有代表性了。例如，在前面的例子中，21歲以下駕駛執照司機所占比重與發生車禍的次數呈高度線性正相關，但樣本迴歸方程所表示的數量關係不能無條件外推或延伸。

第三，迴歸分析最適合於研究變量之間的因果關係，將原因作為自變量，結果作為因變量。但是迴歸分析不一定要求變量之間必須具有直接的因果關係。只要變量間存在內在的、真實的數量依存關係，就可以建立相應的迴歸方程；若這種關係會延續，迴歸方程也就可用於預測。

本章小結

（1）變量間的依存關係有函數關係和相關關係兩種類型。相關關係是指變量之間不確定性的數量依存關係。相關關係按變量多少可分為簡單相關和復相關；按表現形式可分為線性相關和非線性相關；按相關方向可分為正相關和負相關。

（2）相關分析主要研究變量間相關關係的方向和程度。散點圖可以直觀地描述相關關係的方向、形態和強弱程度。相關係數是測度兩個變量間線性相關密切程度的指標，其值介於-1和+1之間，大於0表示正相關，小於0表示負相關；其絕對值越接近於1表示相關性越強，越接近於0表示相關性越弱。

（3）迴歸分析是指通過建立迴歸方程來揭示因變量與自變量間的數量關係，並通過自變量的確定值對因變量作出估計和預測。一元線性迴歸方程的一般形式為：$\hat{y} = a + bx$。估計該方程中 a 和 b 通常採用最小平方法。

（4）判定係數 r^2 表示因變量 y 總的變異中自變量能夠作出解釋部分所占的比重，其值介於0和1之間，數值越大，表示迴歸方程的擬合效果越好。迴歸估計標準誤差 S_e 反應因變量的實際觀測值與迴歸估計值之間的平均誤差程度，其值越小，表示迴歸方程的代表性越好。

（5）利用迴歸方程可對因變量進行估計或預測，迴歸預測包括點預測和區間預測。預測區間的寬度取決於置信水平、迴歸估計標準誤差、自變量取值與均值的距離以及樣本量。

（6）相關分析和迴歸分析中的計算都可以用Excel中的「相關係數」和「迴歸」去實現。

思考與練習題

5-1 舉例說明相關關係、函數關係與因果關係；三者之間有何聯繫與區別？

5-2 簡要說明相關分析與迴歸分析的聯繫與區別。

5-3 某企業產品的單位成本與產量的迴歸方程為：$\hat{y} = 67 + 2.04x$，解釋該迴歸方程中系數表示的具體含義。

5-4 相關係數與判定系數有何聯繫與不同？

5-5 簡述估計迴歸方程參數的最小平方法的基本原理。

5-6 解釋因變量的離差平方和、迴歸平方和及殘差平方和的含義，分析這三種離差平方和有何意義？

5-7 什麼是迴歸估計標準誤差？

5-8 樣本量大小對相關分析和迴歸分析有何影響？

5-9 迴歸預測應該注意一些什麼問題？

下面各題均應利用 Excel 完成

5-10 某生產線上的管理人員認為，工人加工產品的速度可能影響加工產品的質量。於是一天隨機抽取了 5 名工人進行觀測，他們的加工速度和優質品率如下表所示：

工人序號	加工速度（件/分鐘）	優質品率（％）
1	25	70
2	40	60
3	55	63
4	30	78
5	60	60
6	20	85

（1）試說明工人的加工速度與其產品的優質品率有什麼樣的相關關係？

（2）根據樣本觀測值建立一個迴歸方程，根據 Excel 輸出結果說明該迴歸方程是否有效。

5-11 中國 2000—2008 年全社會固定資產投資額與國內生產總值的數據如下表：

年份	全社會固定資產投資（億元）	國內生產總值（億元）
2000	32,918	99,215
2001	37,214	1,096,555
2002	43,500	120,333
2003	55,567	135,823
2004	70,477	159,878

續表

年份	全社會固定資產投資（億元）	國內生產總值（億元）
2005	88,774	183,868
2006	109,998	210,871
2007	137,239	246,619
2008	172,291	300,670

要求：

(1) 計算相關係數說明中國2000—2008年間全社會固定資產投資額與國內生產總值相關的方向和強弱程度。

(2) 建立迴歸方程，說明迴歸方程的擬合效果，解釋迴歸方程中系數的意義。

5-12 中國西部12個地區某年農村居民家庭人均消費支出與人均純收入的數據如下表：

地區	人均生活消費支出（元）	人均食品消費支出（元）	人均純收入（元）
內蒙古	2,772	1,082	3,342
廣西	2,414	1,196	2,770
重慶	2,205	1,151	2,874
四川	2,395	1,216	3,002
貴州	1,627	838	1,985
雲南	2,196	1,071	2,251
西藏	2,002	966	2,435
陝西	2,181	850	2,261
甘肅	1,855	866	2,134
青海	2,179	939	2,358
寧夏	2,247	929	2,760
新疆	2,032	811	2,737

要求：

(1) 用散點圖分別描述西部農村居民家庭的人均純收入與人均消費支出的關係、人均純收入與恩格爾系數（即人均食品消費支出佔生活消費支出比重）的關係。

(2) 計算相關係數以說明上述兩個關係的方向和強弱程度。

(3) 已知農村居民家庭的人均純收入時，能否擬合迴歸方程來估計相應的人均消費支出或恩格爾系數？如果能，試求出樣本迴歸方程，並解釋估計的迴歸方程中各個系數的具體意義。

5-13 某海濱地區各月空氣溫度與海水溫度（華氏溫度）的數據如下表：

月份	空氣溫度	海水溫度	月份	空氣溫度	海水溫度
1	57	49	7	88	83
2	59	51	8	88	80
3	65	56	9	84	77
4	75	66	10	75	72
5	81	71	11	68	60
6	86	78	12	59	50

（1）試求二者的相關係數；
（2）當空氣溫度為78度時，對海水溫度進行預測；
（3）若根據海水溫度來估計空氣溫度，又該怎麼辦？

5-14 某研究者對10名自願者進行了一項試驗，讓受試者持續一定時間觀看一些圖片，然後測試他們能夠準確記憶的數量。試驗得到的數據如下：

序號	觀看時間（分鐘）	記憶量	序號	觀看時間（分鐘）	記憶量
1	5	4	6	40	21
2	10	9	7	50	23
3	15	13	8	60	27
4	20	16	9	80	28
5	30	19	10	100	31

（1）試求觀看時間與記憶量之間的線性相關係數和線性迴歸方程。
（2）計算判定系數和迴歸估計標準誤差以說明所估計的迴歸方程的擬合效果。
（3）你認為對以上數據用線性關係來擬合是否是最合適的選擇？

5-15 收集中國上證綜合股價指數和深圳綜合股價指數在最近一週（或一個月）收盤時的數據，試分析在此數據觀測期內，這兩種股價指數有什麼樣的關係？

第六章 時間序列分析

時間序列分析是指從動態的角度，對現象發展變化過程進行觀察和分析，其目在於認識現象發展過程中所蘊含的各種特徵和規律性，並在此基礎上展望現象未來。時間序列的分析包括兩大內容：一是用指標對時間序列進行水平與速度分析，二是對時間序列的長期趨勢和季節變動等構成因素分別進行測定。

第一節 時間序列的水平分析

一、時間序列與發展水平的概念

時間序列是把同一現象在不同時間上的觀察數據按時間先後順序排列起來所形成的數列，也稱為動態數列。如某股票每日的價格、某商場每月營業額、某地每季度接待的旅遊人數等，都是時間序列。表6-1是2001—2014年中國歷年的國內生產總值等五個時間序列合成的一個表格。

表6-1　　　　　　　　中國若干經濟指標時間序列

年　份	國內生產總值（億元）	第三產業增加值占GDP比重（%）	年末總人口（萬人）	人均國內生產總值（元/人）	城鎮單位就業人員平均工資（元）
2001	109,655	40.5	127,627	8,622	10,834
2002	120,333	41.5	128,453	9,398	12,373
2003	135,823	41.2	129,227	10,542	13,969
2004	159,878	40.4	129,988	12,336	15,920
2005	184,937	40.5	130,756	14,185	18,200
2006	216,314	40.9	131,448	16,500	20,856
2007	265,810	41.9	132,129	20,169	24,721
2008	314,045	41.8	132,802	23,708	28,898
2009	340,903	43.4	133,450	25,608	32,244
2010	401,513	43.2	134,091	30,015	36,539
2011	473,104	43.4	134,735	35,198	41,799
2012	519,470	44.6	135,404	38,459	46,769

表6-1(續)

年　份	國內生產總值 （億元）	第三產業增加值 占 GDP 比重(%)	年末總人口 （萬人）	人均國內生產 總值(元/人)	城鎮單位就業人員 平均工資(元)
2013	568,845	46.1	136,072	41,908	51,483
2014	636,463	48.2	136,782	46,652	56,339 *

資料來源：2013 年以前的數據來自《2014 中國統計年鑒》，2014 年數據來自《2014 年國民經濟和社會發展統計公報》；2000 年年末總人口為 126,743 萬人。

* 是指全國城鎮非私營單位就業人員年平均工資。

不難看出，任何一個時間數列，都具備兩個基本要素：其一是現象所屬的時間，可以是年度、季度、月份或其他時間，通常用 t 表示（t 的值可以是數據所屬的具體時間，也可以只是時間序號）；其二是反應現象在不同時間上水平高低的統計數據，常用 y 表示，如 y_t 表示時間 t 所對應的觀測值，也稱為現象在時間 t 上的發展水平。

對不同時間的發展水平進行比較分析時，作為比較基礎的時間稱為基期，基期的數據稱為基期水平。所要分析考察的那個時間稱為報告期，報告期的數據稱為報告期水平。就某一既定的時間序列而言，該數列的首項數據和最末項數據就是其期初水平（記為 y_0 或 y_1）和期末水平（記為 y_n），其餘的中間各項數據統稱為中間水平。

按數據的表現形式不同，可將時間序列分為絕對數時間序列、相對數時間序列和平均數時間序列三種。

絕對數時間序列又稱為總量指標時間序列，是指某一總量指標的一系列數據按時間先後順序排列而形成的序列，反應現象在各個時間上達到的絕對水平。按數據所反應時間狀態的不同，絕對數時間序列又可分為時期序列和時點序列。表 6-1 中的國內生產總值序列是一個時期序列，而年末總人口序列就是一個時點序列。

由某一相對指標的一系列數據按時間先後順序排列而成的序列是相對數時間序列，它反應現象相對水平的發展變化過程。表 6-1 中的第三產業增加值占 GDP 比重序列是一個相對數時間序列。由某一平均指標的一系列數據按時間先後順序排列而成的序列是平均數時間序列，它反應現象一般水平的發展變化過程。如表 6-1 的平均工資序列就是平均數時間序列。

絕對數時間序列是最基本的時間序列，它是計算和分析相對數時間序列和平均數時間序列的基礎。相對數時間序列和平均數時間序列都是由有關絕對數時間序列派生而出來的。時點序列和相對數時間序列、平均數時間序列中不同時間上的指標數值都不能相加，加總的結果沒有意義。

二、平均發展水平

平均發展水平是不同時間上發展水平的平均數。統計上習慣把這種不同時間上數據的平均數稱為序時平均數。它將現象在不同時間上的數量差異抽象掉，從動態上說明現象在一定發展階段的一般水平。

時間序列中指標的性質不同，其平均發展水平的計算方法也有所不同。

（1）絕對數時間序列的平均發展水平。

絕對數時間序列又可分為時期序列和時點序列。時期序列中各項數據相加等於現象在一段時期內的總量，因此計算時期序列的平均發展水平，採用的是簡單算術平均法，即將各期數據之和除以時期項數。其計算公式為：

$$\bar{y} = \frac{y_1 + y_2 + \cdots + y_n}{n} = \frac{\sum_{t=1}^{n} y_t}{n} \quad (6.1)$$

式中，$\bar{y}$ 代表平均發展水平，y_t 表示 t 期的發展水平（$t=1, 2, \cdots, n$）。

【例6-1】根據表6-1的數據，計算中國2001—2014年國內生產總值的年平均水平。

解：由式（6.1）得：

$$\bar{y} = \frac{1}{14} \sum_{t=1}^{14} y_t = \frac{1}{14}(109,655 + 120,333 + \cdots + 636,463) = \frac{4,447,093}{14}$$
$$= 317,649.5（億元）$$

計算表明：2001—2014年間平均每年國內生產總值為322,438.24億元。

對於時點序列，從理論上講，其平均發展水平表示現象在某一段時間內平均每個時點上的水平。因此，若要有連續的每個時點的數據，就可以利用簡單算術平均法準確地計算出時點序列的平均發展水平。但是，時點序列通常不可能也不必要連續登記。對社會經濟現象而言，若已知每天的數據，通常就可以視為連續序列了。例如已知某月每天的存款餘額，計算該月的平均存款餘額就可以用簡單算術平均法，計算公式同式（6.1）。

對於不連續時點序列，數據是每隔一段時間（如間隔幾天、一月、一年等）才觀測一次，若要計算整個考察期的平均發展水平，則需要先計算出相鄰兩個時點之間現象水平的代表值，再以時點間隔長度為權數，將這些代表值進行加權算術平均。假定現象的數量在相鄰兩時點間是均勻變動的，那麼相鄰兩個時點間的代表值就等於這兩個時點數值的簡單算術平均數。若分別以 $f_1, f_2, \cdots, f_{n-1}$ 代表各個時點間隔長度，則整個考察期內平均發展水平的計算公式可寫為：

$$\bar{y} = \frac{\frac{y_1+y_2}{2}f_1 + \frac{y_2+y_3}{2}f_2 + \cdots + \frac{y_{n-1}+y_n}{2}f_{n-1}}{\sum_{t=1}^{n-1} f_t} \quad (6.2)$$

【例6-2】某地區報告年對生豬飼養情況進行了調查，得到生豬存欄數量的幾個時點數據如表6-2所示，試計算該地區全年的生豬平均存欄數量。

表6-2　　　　　　　　某地區報告年生豬存欄數量

時　間	1月1日	1月31日	4月30日	7月31日	10月31日	12月31日
存欄數（萬頭）	47	24	41	34	56	45

解：由式（6.2）得：

$$\bar{y} = \frac{\frac{47+24}{2}\times 1 + \frac{24+41}{2}\times 3 + \frac{41+34}{2}\times 3 + \frac{34+56}{2}\times 3 + \frac{56+45}{2}\times 2}{1+3+3+3+2} = 40.125 \text{（萬頭）}$$

計算結果表明，該地區報告年的生豬平均存欄數量為 40.125 萬頭。

當各時點間隔相等，即 $f_1 = f_2 = \cdots = f_{n-1}$ 時，公式（6.2）可簡化為：

$$\bar{y} = \frac{\frac{y_1}{2} + y_2 + \cdots + y_{n-1} + \frac{y_n}{2}}{n-1} \tag{6.3}$$

式（6.3）就是由間隔相等的時點序列計算平均發展水平的方法，經常稱之為「首末折半法」。不難看出，「首末折半法」只不過是間隔不等的時點序列計算平均發展水平的方法的特例。

【例 6-3】根據表 6-1 中各年年末人口數，計算 2001—2014 年間的平均人口數。

解：表 8-1 中給出了 2000—2014 各年年末人口數，但 2000 年的年底數即為 2001 年的年初數，數據覆蓋的時間範圍實際上是 2001—2014 年。由式（8.5）可得這 14 年間的平均人口數為：

$$\bar{y} = \frac{1}{15-1}\left(\frac{126,743}{2} + 127,627 + \cdots + 136,072 + \frac{136,782}{2}\right)$$

$$= \frac{1,847,945}{14} = 131,996\text{（萬人）}$$

即 2001—2014 年間中國人口數的平均水平為 131,996 萬人。

由不連續時點序列計算平均發展水平時，應注意計算公式是有假定條件的。實際中，現象在相鄰時點間的數量變動並不總是均勻的，因此計算結果通常只是近似值。一般認為，間隔越短，相鄰兩時點數值的簡單算術平均數就越能較好地代表相應時段內的平均水平，整個考察期內平均發展水平的計算結果就越準確。例如，由一年中各月底數計算的全年平均數，就比只用年初和年末兩項數據計算的結果更準確。

（2）相對數（或平均數）時間序列的平均發展水平。

相對數（這裡都是指靜態相對數）與平均數有一個共同點，那就是它們歸根究柢都是由兩個有關的總量指標數值對比而得到的。因此，由相對數時間序列和由平均數時間序列計算平均發展水平的方法實質上是相同的。

設各期的相對數（或平均數）為 z_t，它是 y_t 和 x_t 兩個總量指標派生的，即 $z_t = y_t/x_t$。由於各個 z_t 的對比基數 x_t 不盡相同，所以計算平均發展水平時，不能將各期 z_t 簡單算術平均。正確的計算方法是：先對形成該相對數（或平均數）序列的絕對數序列 $\{y_t\}$ 和 $\{x_t\}$，分別計算其平均發展水平 $\bar{y}$ 和 $\bar{x}$，再由這兩個平均發展水平對比來得到所求的平均發展水平 $\bar{z}$，即計算公式為：

$$\bar{z} = \frac{\bar{y}}{\bar{x}} \tag{6.4}$$

【例 6-4】根據表 6-1 的數據，試計算 2001—2014 年中國人均國內生產總值的平均發展水平。

解：各年人均國內生產總值的平均發展水平應該等於各年國內生產總值的平均發展水平除以人口數的平均發展水平。根據例6-1和例6-3的計算結果，可得：

$$\bar{z} = \frac{\bar{y}}{\bar{x}} = \frac{317,649.5}{131,996} = 2.406,5（萬元／人）= 24,065（元／人）$$

計算結果表明，這些年間人均國內生產總值的年平均水平為24,065元。

不難證明，式（6.4）實質上等同於對各期相對數（或平均數）進行加權算術平均，其權數為各期的對比基數。比如，例6-4的計算結果等同於對各年的人均國內生產總值進行加權算術平均，權數為各年的平均人口數。

三、增長量與平均增長量

增長量是報告期水平與和基期水平之差，用以說明現象在一定時期內增長變化的絕對數量。增長量為負，則表示現象減少或下降的數量。

由於基期的選擇不同，增長量可分為逐期增長量和累計增長量。

逐期增長量是報告期水平與前一期水平之差，說明現象逐期增長變化的絕對數量，用符號表示為：

$$y_t - y_{t-1}\ (t = 1, 2, \cdots, n) \tag{6.5}$$

累計增長量是報告期水平與某一固定基期水平（通常為期初水平y_0）之差，表明現象從固定基期到報告期這段時期內的總增長量，用符號表示為：

$$y_t - y_0\ (t = 1, 2, \cdots, n) \tag{6.6}$$

累計增長量與逐期增長量之間存在一定的數量關係：累計增長量等於相應時間內各逐期增長量的總和，兩個相鄰時期累計增長量之差等於相應時期的逐期增長量。即：

$$y_t - y_0 = \sum_{i=1}^{t}(y_i - y_{i-1}) \tag{6.7}$$

$$(y_t - y_0) - (y_{t-1} - y_0) = y_t - y_{t-1} \tag{6.8}$$

由於短期數據（如月度數據和季度數據）往往會受到季節因素變動的影響，因此在實際工作中，為了消除季節變動的影響，可以計算報告期水平與上年同期水平之差，這種增長量稱為同比增長量或年距增長量。其計算公式為：

$$同比增長量 = 報告期水平 - 上年同期水平 \tag{6.9}$$

平均增長量是觀察期內各個逐期增長量的平均數，用以說明現象在一段時期內平均逐期增長變化的數量。其計算公式為：

$$平均增長量 = \frac{逐期增長量之和}{逐期增長量個數} = \frac{累計增長量}{時間序列項數 - 1} \tag{6.10}$$

第二節　時間序列的速度分析

時間序列分析的速度指標用來描述現象在某一段時間上發展變化的快慢程度，包括發展速度、增長速度、平均發展速度和平均增長速度等指標。

一、發展速度

發展速度是報告期水平與基期水平對比的相對數，計算結果通常用百分數表示，說明報告期水平發展為（相當於）基期水平的百分之多少。其計算公式為：

$$\text{發展速度} = \frac{\text{報告期水平}}{\text{基期水平}} \tag{6.11}$$

由於基期的選擇不同，發展速度分為環比發展速度和定基發展速度。

環比發展速度是報告期水平與前一期水平之比，即：

$$\text{環比發展速度} = \frac{\text{報告期水平}}{\text{前一期水平}} = \frac{y_t}{y_{t-1}} \ (t = 1, 2, \cdots, n) \tag{6.12}$$

定基發展速度是報告期水平與固定基期水平（通常為期初水平 y_0）之比，即：

$$\text{定基發展速度} = \frac{\text{報告期水平}}{\text{固定基期水平}} = \frac{y_t}{y_0} \ (t = 1, 2, \cdots, n) \tag{6.13}$$

環比發展速度反應現象逐期發展變動的程度，也可稱為逐期發展速度。定基發展速度反應現象在較長一段時間內總的發展變動程度，也稱為發展總速度。環比發展速度與定基發展速度的關係是：定基發展速度等於相應時期內各環比發展速度的連乘積；反之，相鄰兩個定基發展速度之商，等於相應時期的環比發展速度，即：

$$\frac{y_t}{y_0} = \frac{y_1}{y_0} \times \frac{y_2}{y_1} \times \cdots \times \frac{y_t}{y_{t-1}} \tag{6.14}$$

$$\frac{y_t}{y_0} \div \frac{y_{t-1}}{y_0} = \frac{y_t}{y_{t-1}} \tag{6.15}$$

與計算同比增長量類似，也可以計算同比發展速度或稱年距發展速度，目的是消除季節變動的影響，準確反應現象的變化趨勢。其計算公式為：

$$\text{同比發展速度} = \frac{\text{報告期水平}}{\text{上年同期水平}} \tag{6.16}$$

二、增長速度

增長速度是增長量與基期水平對比的相對數，也稱為增長率，計算結果也通常用百分數表示，說明報告期水平比基期水平增長了百分之多少。當增長速度大於 0 時，表示報告期水平比基期增加或提高的程度；當增長速度小於 0 時，表示報告期水平比基期減少或降低的程度。增長速度的計算公式為：

$$\text{增長速度} = \frac{\text{報告期增長量}}{\text{基期水平}} = \text{發展速度} - 1 \tag{6.17}$$

根據基期的選擇不同，增長速度也分為環比增長速度和定基增長速度。它們的計算公式分別為：

$$\text{環比增長速度} = \frac{\text{逐期增長量}}{\text{前一期水平}} = \text{環比發展速度} - 1 \tag{6.18}$$

$$\text{定基增長速度} = \frac{\text{累計增長量}}{\text{固定基期水平}} = \text{定基發展速度} - 1 \tag{6.19}$$

須注意,環比增長速度和定基增長速度之間不能直接推算。若要二者相互推算,必須借助於環比發展速度和定基發展速度。

同樣,為了消除季節變動的影響,也可以計算同比增長速度或稱年距增長速度。其計算公式為:

$$\text{同比增長速度} = \frac{\text{同比增長量}}{\text{上年同期水平}} = \text{同比發展速度} - 1 \tag{6.20}$$

【例6-5】根據中國2010—2014年的人均GDP數據(如表6-3第[1]行所示),計算這幾年間中國人均GDP的增長量、平均增長量、發展速度和增長速度。

將增長量、發展速度和增長速度的計算結果列入表6-3第[2]~[7]行。

表6-3　　　　　　　　人均GDP的發展速度和增長速度

指標 年份		2010	2011	2012	2013	2014
人均GDP(元)	[1]	30,015	35,198	38,459	41,908	46,652
逐期增長量(元)	[2]	—	5,183	3,261	3,449	4,744
累計增長量(元)	[3]	—	5,183	8,444	11,893	16,637
環比發展速度(%)	[4]	—	117.27	109.26	108.97	111.32
定基發展速度(%)	[5]	100.00	117.27	128.13	139.62	155.43
環比增長速度(%)	[6]	—	17.27	9.26	8.97	11.32
定基增長速度(%)	[7]	—	17.27	28.13	39.62	55.43

由(6.10)可得,2010—2014年中國人均GDP的平均增長量為:

$$\frac{5,183 + 3,261 + 3,449 + 4,744}{4} = \frac{16,637}{4} = 4,159.25 \, (元)$$

三、平均發展速度和平均增長速度

各期的發展變化總是有快有慢,因此經常還要計算某一發展階段的平均速度來比較和分析。平均速度包括平均發展速度和平均增長速度。平均發展速度是環比發展速度的平均數,說明現象在某個發展階段上的逐期發展變化程度的一般水平。平均增長速度表示環比增長速度的一般水平,說明現象在某個發展階段上平均逐期增長程度,但不能直接將各個環比增長速度加以平均,應根據它與平均發展速度之間的內在聯繫來計算,其計算公式為:

$$\text{平均增長速度} = \text{平均發展速度} - 1 \tag{6.21}$$

平均增長速度與平均發展速度之間相差一個基數。平均發展速度大於1,則平均增長速度為正值,表明平均說來現象在考察期內是逐期遞增的,此時的平均增長速度也稱為遞增率。反之,平均發展速度小於1,則平均增長速度為負值,表明平均說來現象在考察期內是逐期遞減的,此時的平均增長速度也稱為遞減率。

由於現象發展的總速度不等於各期環比發展速度的總和,而是等於各期環比發展

速度的連乘積，因此，對這些環比發展速度求平均數不能採用算術平均法而應採用幾何平均法。

若以 x_i 代表各期環比發展速度，n 代表環比發展速度的項數，$\bar{x}_G$ 代表幾何平均法計算的平均發展速度，則計算公式為：

$$\bar{x}_G = \sqrt[n]{x_1 \times x_2 \times \cdots \times x_n} = \sqrt[n]{\prod_{i=1}^{n} x_i} \tag{6.22}$$

由於環比發展速度的連乘積等於定基發展速度即總速度（用 R 表示），而總速度又等於期末水平（y_n）與期初水平（y_0）之比，所以式（6.22）可變換為下面兩種形式：

$$\bar{x}_G = \sqrt[n]{R} \tag{6.23}$$

$$\bar{x}_G = \sqrt[n]{\frac{y_n}{y_0}} \tag{6.24}$$

顯然，式（6.22）~式（6.24）這三個計算公式實質上是一回事。實際應用中可根據所掌握的數據選擇較為簡便的公式來計算。

【例6-6】根據表6-3的數據，計算2011—2014年中國人均GDP的平均發展速度和平均增長速度。

解：分別可採用公式（6.22）~式（6.24）計算出平均發展速度為：

$$\bar{x}_G = \sqrt[4]{1.172,7 \times 1.092,6 \times 1.089,7 \times 1.113,2} = 111.66\%$$

或 $\bar{x}_G = \sqrt[4]{1.554,3} = 111.66\%$

或 $\bar{x}_G = \sqrt[4]{\dfrac{46,652}{30,015}} = 111.66\%$

平均增長速度 = 111.66% − 100% = 11.66%

即2010—2014年中國人均GDP平均每年遞增11.66%。

由公式（6.24）不難看出，用幾何平均法計算的平均發展速度實際上只取決於期初和期末的發展水平。在基期確定的情況下，不論中間變化過程如何，平均速度的快慢就只取決於期末水平的高低。用幾何平均法計算的平均發展速度還具有一個特性，即用它作為各期環比發展速度的代表值去推算最末一期的水平，則推算結果與實際水平相等。可見，用幾何平均法計算平均發展速度的特點是著眼於考察期末水平，因此計算平均發展速度的幾何平均法也稱為「水平法」。

由上述特性可得出一個結論：從指定的期初水平出發，只要給定平均發展速度，就可以推算出期末水平。其計算公式可由（6.24）推出：

$$y_n = y_n (\bar{x}_G)^n \tag{6.25}$$

預測現象未來的發展水平有很多方法和公式，公式（6.25）就是一個既簡便又實用的預測公式，經常用於根據平均速度預測現象經過一段時間以後可能達到的水平。例如，若中國人均GDP繼續按上面所求出的平均速度遞增，則可預測到2016年，中國人均GDP可達：$46,652 \times 1.116,6^2 = 58,165.51$（元）。

四、水平分析與速度分析的結合與應用

水平分析與速度分析都利用一系列指標來對現象的動態進行分析，但兩種分析各有不同的側重點，分析結果的表現形式也各不相同。實際應用中，為了全面認識現象的變化特徵，往往需要將這兩個方面的分析結合運用，取長補短。具體地說，應注意以下幾個問題：

1. 正確選擇基期

各種速度指標和增長水平指標都是在一定基期水平上計算的。進行這些計算和分析時，首先要根據研究目的，正確選擇基期。例如，分析中國農村經濟體制改革以來的變化，可以 1978 年為基期；分析進入 21 世紀後中國經濟發展，可以將 2000 年為基期。基期的選擇一般要避開異常時期。如果基期水平因為異常因素的影響而過高或過低，相應的速度分析和水平分析都會失去分析意義或給人以錯誤的印象。

2. 注意對異常數據的處理

速度分析不容許有 0 和負數，否則就不適宜計算速度，而只能直接用絕對數進行水平分析。例如對利潤額、淨資產數額等經濟指標進行分析時，就可能遇到這類情況。如果現象在某個階段內的發展非常不平衡，大起大落，就會降低甚至喪失平均速度的代表性和意義。這一點對於水平分析中的平均發展水平和平均增長量也同樣適用。

3. 將總平均速度與分段平均速度及環比速度結合分析

總平均速度概括反應現象在較長一段時期內的平均變化程度，而現象在各個較短的發展階段上的變化又各有特殊性。因此，在分析總平均速度時，有必要結合各個特定歷史時期的分段平均速度來深入分析，甚至可利用典型時期的環比速度來補充說明。

4. 將速度與水平結合起來分析

一般而言，基期水平低，容易產生快速度；基期水平高，速度就相對慢。因此，快速度可能掩蓋低水平，而低速度又可能隱藏高水平。為了對現象的動態作出正確分析，既要考慮速度的快慢，也要考慮實際水平的高低，把相對速度與絕對水平結合起來進行分析。為此，通常可計算增長 1% 的絕對量來補充說明增長速度。增長 1% 的絕對量等於增長的絕對量除以增長的百分點，即等於基期水平的 1/100。該指標一般只對環比增長速度進行計算，因此計算公式可寫為：

$$\text{增長 1\% 的絕對量} = \frac{y_t - y_{t-1}}{(\frac{y_t - y_{t-1}}{y_{t-1}}) \times 100} = \frac{y_{t-1}}{100} \qquad (t = 1, 2, \cdots, n) \qquad (6.26)$$

第三節　時間序列的長期趨勢測定

一、時間序列的構成因素

現象隨著時間推移而呈現的發展變化，總是受多種因素共同影響的結果。不同的

現象有不同的原因。這些因素有主有次、有強有弱，既有長期性的、週期性的，也有短暫性的；既有決定性的，也有偶然性的。我們不可能對每一種具體的影響因素都分別進行測定和分析，但是可以按照影響的性質和作用形式，將時間序列的眾多影響因素歸結為長期趨勢、季節變動、循環變動和不規則變動四種。

（1）長期趨勢。長期趨勢是指現象在相當長一段時間內沿某一方向持續發展變化的一種態勢或規律性。它是時間序列中最基本的構成因素，是受某些長期性、起決定性作用的基本因素影響的結果。按變化方向來分，長期趨勢有上升趨勢、下降趨勢和水平趨勢三類。按變化的形態來分，長期趨勢可分為線性趨勢和非線性趨勢兩類。

（2）季節變動。季節變動本來的意義是指現象在一年內所呈現的較有規律的週期性起伏波動。但是目前一般把任何小於一年（如一季、一月、一週或一日等）內有規律的週期性起伏波動也稱為季節變動或準季節變動。引起季節變動的原因既可能是自然條件如一年四季的更替，也可能是法規制度和風俗習慣等如節假日。季節變動在許多現象的發展變化中都存在。例如，農產品的生產、銷售和儲存通常都有淡季和旺季之分，以一年為一個週期；超市的營業額和顧客人數的變動常常以七天為一個週期，每個週末是高峰期。

（3）循環變動。循環變動是指在較長時間內（通常為若干年）呈現出漲落相間、峰谷交替的週期性波動。比如出生人數以 20～25 年為一個週期。循環變動與長期趨勢都是需要長期觀察才能顯現的規律性，但不同的是，長期趨勢是沿著單一方向的持續變動，而循環變動是具有漲落循環特徵的波動，通常圍繞長期趨勢上下起伏。循環變動與季節變動都是屬於週期性波動，但二者也有區別。循環變動的週期至少在一年以上，而且週期長短不像季節變動的週期那樣固定，波動形態和波幅等規律性也都不是很規則，引起循環變動的原因通常也不像季節變動的原因那麼直觀明顯。因此，對循環波動的識別和分析往往比較困難。

（4）不規則變動。顧名思義，不規則變動是沒有規律可循的變動，它是時間序列分離了長期趨勢、季節變動和循環變動之後剩餘的因素，又稱為剩餘變動。不規則變動可細分為隨機擾動和異常變動兩種類型。隨機擾動是短暫的、不可預期的和不可重複出現的眾多因素綜合作用的結果，其中每個因素的影響很小。隨機擾動表現為以隨機方式使現象呈現出方向不定、時大時小的起落變動，但從較長觀察時間內的總和或平均來看，這種變動在一定程度上可以相互抵消。異常變動則是指一些具有偶然性、突發性的重大事件如戰爭、社會動亂和自然災害等引起的變動，其單個因素的影響較大，不可能相互抵消，在時間序列分析中往往需要對這種變動進行特殊處理。後面所講的不規則變動一般僅指隨機擾動。

雖然時間序列可以分解為以上四種成分，但在一個具體的時間序列中這四種成分並不一定要齊全。一般說來，在任何一個時間序列中，長期趨勢和不規則變動總是存在的，而季節變動和循環變動則不一定存在。例如，年度數據形成的時間序列就不包括季節變動，因為在年度數據中這種季節性的起伏波動相互抵消了；有些現象在長期發展過程中本身不存在週期在一年以上的週期性起伏，因而也就沒有循環變動。

對時間序列進行因素分解的目的，是要分別測定和分析每種類型的構成因素對時

間序列變動的影響作用，揭示現象發展變化的各種規律性，並在此基礎上進行預測。要進行這些分析和預測，就必須先明確時間序列與各種構成因素之間的關係。按照四種構成因素相互作用的方式不同，可以將上述關係設定為不同的合成模型，實際中最常用的是乘法模型，如式（6.27）所示：

$$Y_t = T_t \times S_t \times C_t \times I_t \tag{6.27}$$

式（6.27）中，Y 表示時間序列中的指標數值，T 表示長期趨勢值，S 表示季節變動值，C 表示循環變動值，I 表示不規則變動值，下標 t 表示時間（$t=1, 2, \cdots n$）。

乘法模型假定四種因素的影響作用大小是有聯繫的（引起它們變動的原因仍然是相互獨立的），只有長期趨勢值與時間序列 Y 的計量單位和表現形式相同（如絕對數序列中趨勢值為絕對量）；其餘各種因素的數值均表現為以長期趨勢值為基準的一種相對變化幅度，通常以百分數表示。在乘法模型中，各個時間上的季節變動和循環變動數值在100%上下波動，在它們各自的一個週期範圍內，其平均值為100%；不規則變動值也在100%上下波動，但只有從長時間來看其平均值才趨於100%。在乘法模型中，對各因素的分離則採用除法。例如，要從時間序列中剔除季節變動的影響，則用（Y_t/S_t）。

長期趨勢是時間序列中最基本的構成成分。因此長期趨勢的測定和預測，是時間序列分析中最主要的一項任務。長期趨勢的測定，就是要從時間序列中剔除其他成分的影響從而揭示出現象按長期趨勢發展變化的水平及其規律性。消除不規則變動和其他波動後，只包含長期趨勢的時間序列將表現為比較勻滑的線條，因此通常將這個過程稱為時間序列的修勻。對趨勢的測定是趨勢預測的重要依據，也是準確地測定其他構成成分的基礎。長期趨勢的預測就是將現象在過去和現在所呈現出來的長期趨勢進行類推或延伸，借以推測現象在未來時間上可能達到的水平。測定或預測長期趨勢最常用的方法有移動平均法和趨勢方程擬合法。

二、移動平均法

移動平均法是指採用逐項遞進的辦法，將原時間序列中的若干項數據進行平均，通過平均來消除或減弱時間序列中的不規則變動和其他變動，從而呈現出現象發展變化的長期趨勢。若平均的數據項數為 K，就稱為 K 項移動平均。

下面通過一個例題來說明如何應用移動平均法來測定長期趨勢。

【例6-7】根據表6-4的銷售量數據，分別計算三年移動平均和五年移動平均。

採用三期簡單移動平均法，第1~3年銷售量的平均值為52，第2~4年銷售量的平均值為56.3，依此類推。採用五期簡單移動平均法，則第1~5年銷售量的平均值為61.0，第2~6年銷售量的平均值為64.2，依此類推。3年移動平均和5年移動平均的計算結果如表6-4所示。

表6-4　　　　　　　　某企業產品銷售量的移動平均值

年份序號	1	2	3	4	5	6	7	8	9	10	11	12
銷售量（萬件）	54	50	52	67	82	70	89	88	84	98	91	106
3年移動平均	—	52.0	56.3	67.0	73.0	80.3	82.3	87.0	90.0	91.0	98.3	—
5年移動平均	—	—	61.0	64.2	72.0	79.2	82.6	85.8	90.0	93.4	—	—

表6-4中的兩個移動平均序列清楚地顯示出該企業產品銷售量呈不斷增長的趨勢。原序列與移動平均得到的趨勢值序列可用圖6-1來顯示和比較。

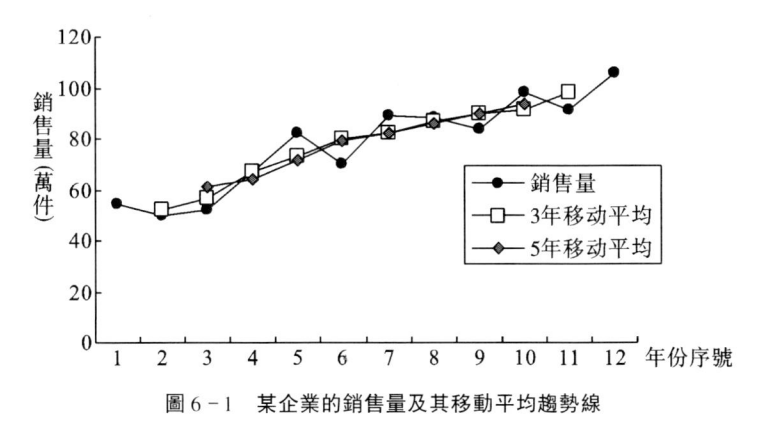

圖6-1　某企業的銷售量及其移動平均趨勢線

移動平均法測定長期趨勢，簡便、靈活，有著較為廣泛的應用。例如，在證券及期貨的價格走勢分析中，移動平均法一直是最常用的基本分析方法之一。應用移動平均法，須注意以下幾點：

（1）移動平均法對原時間序列具有修勻或平滑的作用，使得原序列的起伏波動被削弱了，而且平均的時距項數 k 越大，移動平均的修勻作用越強。例如，由表6-4或圖6-1中的兩種移動平均值序列可見，五年移動平均值序列中的逐期增長量更穩定，不規則變動被削弱的程度更大，趨勢線更加平滑。

（2）當序列包含週期性變動時，移動平均的項數 k 應與週期長度一致。這樣才能在消除不規則變動的同時，也消除週期性波動，使移動平均值序列只反應長期趨勢。因此，季度數據通常採用四期移動平均，月度數據通常採用十二期移動平均。由於季節變動的週期比較固定，移動平均對季節變動的消除一般都有很好的效果。而循環變動的週期不太固定，因此固定項數的移動平均也就難以有效消除時間序列中的循環波動。

（3）移動平均值代表的是所平均數據的中間位置上的趨勢值。因此當平均項數 k 為奇數時，只需一次移動平均即可得到各期的趨勢值；當 k 為偶數時，則需對移動平均的結果進行中心化處理，即再作一次兩項移動平均，這樣才能使移動平均值正對某一時期，使各期趨勢值與實際值相對應。這種方法也稱為中心化移動平均法。

（4）移動平均值序列的項數比原序列少，當平均項數 k 為奇數時，新序列首尾各

減少 $(k-1)/2$ 項；k 為偶數時，首尾各減少 $k/2$ 項。可見，移動平均會使原序列首尾的數據缺少對應的趨勢值，k 越大，缺失的信息就越多。因此移動平均的項數不宜過大。

（5）移動平均預測是指直接將移動平均值作為下一期的預測值。與用於測定趨勢的移動平均法所不同的是：首先，每個 K 期移動平均值不是代表觀測值中間一期的趨勢值，而是第 $K+1$ 期的趨勢預測值；其次，移動平均值的位置也不再是居中放置，而是置於第 K 期（所平均數據末尾一期）或直接置於第 $K+1$ 期（預測期）。證券價格走勢中各種均線（移動平均值曲線）、Excel 的「移動平均」都把每次平均結果放在末尾一期。移動平均預測只具有推測未來一期趨勢值的預測功能，而且只適用於呈水平趨勢的時間序列。如果現象的發展變化具有明顯的上升（或下降）趨勢，那麼移動平均預測的結果就會產生偏高（或偏低）的滯後偏差，即預測值的變化滯後於實際趨勢值的變化。移動平均的項數 K 越大，滯後偏差就越大。

利用 Excel 計算移動平均序列的方法是：點擊「數據」菜單下的「數據分析」，選擇「移動平均」，在隨即彈出的對話框中指定數據所在區域、間隔（即移動平均的項數）和輸出區域的起點單元格後確定即顯示輸出結果。若選擇圖表輸出，則不僅可得到移動平均序列（其計算結果均放在計算期的末尾一期），還可以同時得到原數列（實際值）與移動平均序列（預測值）的折線圖。圖 6-2 就是利用 Excel 對例 6-7 中的銷售量計算 3 年移動平均的對話框和圖表輸出結果。

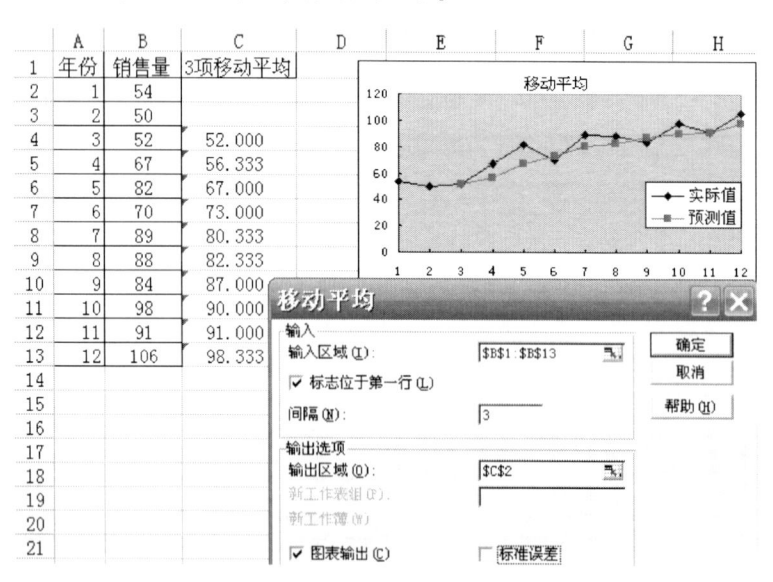

圖 6-2 Excel 中移動平均的對話框和輸出結果

三、趨勢方程擬合法

趨勢方程擬合法，是指根據時間序列，通過擬合以時間 t 為解釋變量、所考察指標為被解釋變量的迴歸方程來測定現象的長期趨勢。此迴歸方程也稱為趨勢方程或趨勢

模型。長期趨勢可以分為線性趨勢和非線性趨勢。趨勢形態不同，所擬合的趨勢方程也就有不同的形式。本教材只介紹線性趨勢方程。

當時間序列的逐期增長量大致相同、長期趨勢可近似地用一條直線來描述時，就稱時間序列具有線性趨勢，可用下列形式的線性趨勢方程來描述：

$$\hat{y}_t = a + bt \tag{6.28}$$

式（6.28）中：$\hat{y}_t$ 為時間序列 y_t 的趨勢值；t 為時間（通常取 $t = 1，2，\cdots，n$）；a 為趨勢線的截距，表示 $t = 0$ 時的趨勢值，即既定時間序列長期趨勢的初始值；b 為趨勢線的斜率，表示當時間 t 每變動一個單位時趨勢值的平均變動量。

估計線性趨勢方程中參數 a、b 的方法通常採用最小二乘法，其計算公式與直線迴歸方程中參數的計算公式相同，只不過將自變量 x 換成了時間 t，即計算公式為：

$$\begin{cases} b = \dfrac{n\sum ty_t - \sum t \sum y_t}{n\sum t^2 - (\sum t)^2} \\ a = \bar{y} - b\bar{t} \end{cases} \tag{6.29}$$

【例 6-8】根據表 6-4 的數據，用趨勢方程擬合法測定其長期趨勢。

從圖 6-1 的銷售量曲線可以看出，銷售量的變化大體近似於一條直線。因此可擬合線性趨勢方程。取 $t = 1，2，\cdots，12$，根據公式（6.29）可計算出參數的估計值 $a = 46.106,06$，$b = 4.842,66$，即所求的線性趨勢方程為：

$$\hat{y}_t = 46.106,06 + 4.842,66\,t$$

將時間 t 的值代入上述趨勢方程，即可得到各期的趨勢值，並可用實際值（觀測值）減去相應的趨勢值，計算出殘差，如表 6-5 所示。

表 6-5　　　　　　　　　某企業銷售量的趨勢值和殘差

年份 t	觀測值 y_t	預測值 $\hat{y}_t$	殘差 e_t
1	54	50.95	3.05
2	50	55.79	-5.79
3	52	60.63	-8.63
4	67	65.48	1.52
5	82	70.32	11.68
6	70	75.16	-5.16
7	89	80.00	9.00
8	88	84.85	3.15
9	84	89.69	-5.69
10	98	94.53	3.47
11	91	99.38	-8.38
12	106	104.22	1.78

將原時間序列的實際值與趨勢值繪製成圖 6-3，以便對照分析。

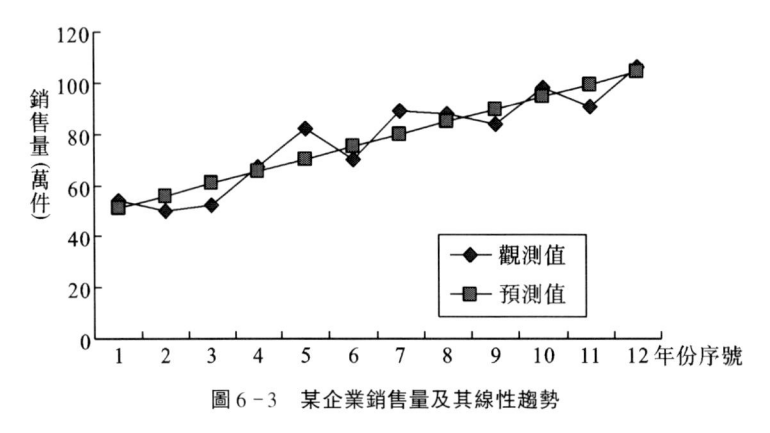

图6-3　某企业销售量及其线性趋势

趨勢方程擬合法的最大優點是，它不僅可以測定出時間序列中各期的趨勢值，而且所擬合的趨勢方程還具有延伸外推的功能，可以根據趨勢方程直接進行預測。例如，根據上述線性趨勢方程，可預測第13年（$t=13$）和第14年（$t=14$）該企業銷售量的趨勢值分別為：

$\hat{y}_{t=13} = 46.106,06 + 4.842,66 \times 13 = 109.061$（萬件）

$\hat{y}_{t=14} = 46.106,06 + 4.842,66 \times 14 = 113.903$（萬件）

第四節　時間序列的季節變動測定

測定季節變動的意義主要在於掌握現象的季節變動規律，為決策和預測提供重要依據，此外也為了從原時間序列中剔除季節變動的影響，以便更好地分析其他因素。

在時間序列的乘法模型中，季節變動的測定和分離都是通過季節指數來實現的。測定季節變動的方法很多，按是否消除長期趨勢的影響來劃分，可分為兩大類：一是不考慮長期趨勢的影響，直接根據原時間序列去測定季節變動，常用方法是同期平均法；二是先剔除長期趨勢，然後根據趨勢剔除後的序列來測定季節變動，常用方法是移動平均趨勢剔除法。通常應根據原時間序列繪製的折線圖或散點圖，觀察序列的基本類型和季節變動特徵，以便選擇適合的測定方法。無論哪種測定方法，都至少要有三個以上季節週期的數據。例如，月份數據就要有不少於三年即36個月的數據。如果季節變動的規律性不是很穩定，則所需要的數據還應更多一些。為了敘述簡便，下面的討論都以週期為一年的季節變動來說明，但其測定基本原理和方法同樣適用於週期小於一年的各種季節變動。

一、測定季節變動的同期平均法

同期平均法的基本原理是：假定時間序列呈水平趨勢即長期趨勢值是一常數，通過對多年的同期數據進行簡單算術平均，以消除各個季節週期上的不規則變動，再將剔除不規則變動後的各季節水平（同期平均數）與水平趨勢值（全部數據的總平均

數）對比，即可得到季節指數（也稱為季節比率），以此來表明季節變動的規律。

採用同期平均法計算季節指數的一般步驟是：

第一，計算同期平均數 $\bar{y}_t$（$t=1, 2, \cdots, L$。L 為一年所包含的時序數據項數），即將不同年份同一季節的多個數據進行簡單算術平均。其目的是消除不規則變動的影響。為了計算方便，一般要先將各年同一季節的數據對齊排列，例如將歷年的月（季）度數據按月（季）對齊排列。

第二，計算全部數據的總平均數 $\bar{y}$，用以代表消除了季節變動和不規則變動之後的全年平均水平，亦即整個時間序列的水平趨勢值。

第三，計算季節指數 S_t，它等於同期平均數與總平均數對比的比率，即：

$$S_t = \frac{\bar{y}_t}{\bar{y}} \times 100\% \tag{6.30}$$

可見，同期平均法計算的季節指數實質上表示：從多個季節週期平均來看，各季節水平相對於平均水平的相對變化程度。當季節指數 S_t 大於 100%，表示所研究現象在第 t 期處於旺季；反之，當季節指數 S_t 小於 100%，表示第 t 期是個淡季。

季節指數應滿足一個平衡關係：在一個完整的季節週期中，季節指數的總和等於季節週期的時間項數，或季節指數的均值等於 1，即：

$$\sum_{i=1}^{L} S_i = L \quad \text{或} \quad \bar{S} = \frac{1}{L} \sum_{i=1}^{L} S_i = 100\% \tag{6.31}$$

若計算結果不滿足式（6.31），就需要對其進行調整（即歸一化處理）。這種調整實質上就是將誤差平均分攤到各期季節指數中去。調整方法是：用各項季節指數除以全部季節指數的均值，或者說，將所求的各項季節指數都乘以一個調整系數，即可得到最終所求的季節指數。此調整系數的公式為：

$$\text{季節指數的調整系數} = \frac{1}{\bar{S}} = L \div \sum_{i=1}^{L} S_i \tag{6.32}$$

【例 6-9】某企業生產的一種學生用學習機的銷售量數據如表 6-6 所示，試用同期平均法計算各月的季節指數。

表 6-6　　　　　　　　　　　學習機的銷售量數據　　　　　　　　　單位：百臺

年＼月	1	2	3	4	5	6	7	8	9	10	11	12
2011	102	106	90	48	50	36	74	160	240	112	56	58
2012	92	96	80	46	46	42	64	148	202	100	50	54
2013	82	126	94	44	42	46	60	172	278	102	66	58
2014	106	110	100	42	62	40	70	180	224	120	62	74

解：計算過程和計算結果見表 6-7：

表6-7　　　　　　　　　採用同期平均法的季節指數計算表

	1	2	3	4	5	6	7	8	9	10	11	12	平均
同月合計	382	438	364	180	200	164	268	660	944	434	234	244	—
同月平均	95.5	109.5	91.0	45.0	50.0	41.0	67.0	165.0	236.0	108.5	58.5	61.0	94.0
季節指數(%)	101.6	116.5	96.8	47.9	53.2	43.6	71.3	175.5	251.1	115.4	62.2	64.9	100

　　從計算結果可見，學習機銷售量的旺季是二月、八月、九月和十月，其中銷售最旺的季節是九月份，該月的銷售量相當於全年月平均銷售量的251.06%；銷售量最低的是六月份，該月的銷售量只相當於全年月平均銷售量的43.62%。根據各月的季節指數可以繪製出季節指數圖，以便一目了然地看出季節變動的規律，如圖6-4所示。

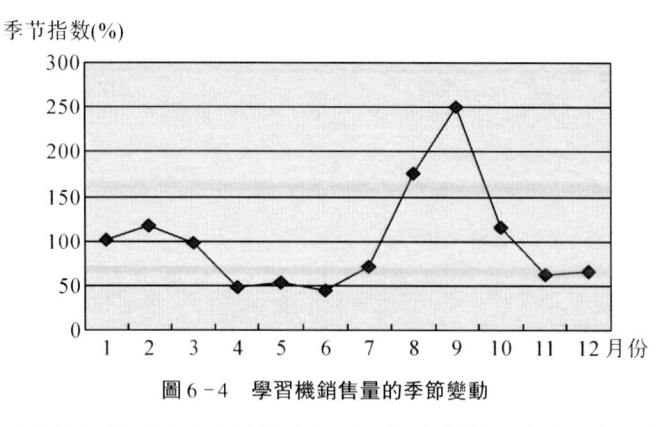

圖6-4　學習機銷售量的季節變動

　　同期平均法是計算季節指數最簡單的方法，計算結果也容易理解。但它只適用於時間序列近似呈水平趨勢的情況。若時間序列呈現出明顯的上升和下降趨勢，則同期平均法計算的季節指數就不夠準確了。比如，當存在上升趨勢時，即使完全沒有季節變動，按同期平均法計算，年末季節指數也會大於年初季節指數。因此，按同期平均法計算，當現象呈現出明顯上升趨勢時，總會高估年末季節指數，相應地低估年初季節指數；相反，若現象呈現明顯的下降趨勢，則會高估年初季節指數，相應地低估年末季節指數。為了避免這種局限性，測定季節變動時就應先剔除長期趨勢。

二、測定季節變動的移動平均趨勢剔除法

　　趨勢剔除法的基本原理是：假定時間序列有明顯的上升或下降趨勢，首先測定出時間序列各期的趨勢值，然後設法從原序列中消除趨勢成分，最後再通過平均的方法消除不規則變動，從而測定出季節變動程度。

　　長期趨勢的測定可用移動平均法，也可用趨勢方程擬合法，還可以先採用移動平均法修勻時間序列，再採用趨勢方程擬合法。但在計算季節指數的過程中，測定長期趨勢最簡便、最常用的方法是移動平均法。這是因為在長期趨勢、季節變動和不規則變動三種因素共存時，若用趨勢方程擬合法直接對原序列計算趨勢值，會因為季節變動的影響而使趨勢值不準確；如果將原序列轉化為年度數據再擬合各期趨勢值，那麼

計算複雜且數據項數不多也會使擬合效果不佳。而移動平均法可較為方便地同時消除不規則變動和季節變動的影響，只反應出長期趨勢。採用移動平均法測定長期趨勢，再剔除長期趨勢來計算季節指數，這種方法就是移動平均趨勢剔除法。實質上，移動平均趨勢剔除法也適用於包含循環變動的場合。

移動平均趨勢剔除法計算季節指數的具體方法和步驟如下：

（1）計算移動平均值（M）。對原序列計算平均項數等於季節週期 L 的中心化移動平均值（M）。通過這樣的移動平均可消除原序列中的季節變動 S 和不規則變動 I。若序列不包含循環變動即 $Y = T \cdot S \cdot I$，則所求移動平均值就為長期趨勢值，即 $M = T$。假定時間序列也包含循環變動即 $Y = T \cdot S \cdot C \cdot I$，則所求移動平均值包含著趨勢和循環變動，即 $M = T \cdot C$，可稱之為趨勢—循環值。

（2）剔除原序列中的趨勢成分。用原數列各項數據 Y 除以對應的移動平均值（M），得到消除了長期趨勢（或消除了長期趨勢和循環變動）的序列，即得到只含季節變動和不規則變動的比率序列：

$$\frac{Y}{M} = \frac{T \cdot S \cdot I}{T} = S \cdot I \quad 或 \quad \frac{Y}{M} = \frac{T \cdot S \cdot C \cdot I}{T \cdot C} = S \cdot I \tag{6.33}$$

（3）消除不規則變動 I。將各年同期（同月或同季）的比率（$S \cdot I$）進行簡單算術平均，可消除不規則變動 I，從而可得到季節指數 S。

（4）調整季節指數。經由上述過程所得的季節指數通常不滿足式（6.31），因此需要根據式（6.32）計算調整系數對所求季節指數進行歸一化處理。

【例 6-10】某公司近五年來各季度的飲料銷售額數據如表 6-8。試用移動平均趨勢剔除法計算各季度的季節指數。

表 6-8　　　　　　　　飲料銷售額的季度數據　　　　　　（單位：萬元）

年份＼季度	1	2	3	4
一	29	90	108	14
二	35	112	130	24
三	40	108	126	28
四	48	139	179	33
五	56	152	192	35

根據表 6-8 的數據，計算四項中心化移動平均值（M），並計算趨勢（或趨勢—循環）剔除值（Y/M），計算結果見表 6-9。

表 6-9　　　　　　　飲料銷售額的趨勢值和趨勢剔除值計算表

年份	季度	銷售額 (Y)	中心化四季移動平均值 (M)	趨勢剔除值 (Y/M)
第一年	1	29	—	—
	2	90	—	—
	3	108	61.00	1.770,5
	4	14	64.50	0.217,1
第二年	1	35	70.00	0.500,0
	2	112	74.00	1.513,5
	3	130	75.88	1.713,3
	4	24	76.00	0.315,8
第三年	1	40	75.00	0.533,3
	2	108	75.00	1.440,0
	3	126	76.50	1.647,1
	4	28	81.38	0.344,1
第四年	1	48	91.88	0.522,4
	2	139	99.13	1.402,3
	3	179	100.75	1.776,7
	4	33	103.38	0.319,2
第五年	1	56	106.63	0.525,2
	2	152	108.50	1.400,9
	3	192	—	—
	4	35	—	—

為便於計算，先將表 6-9 中的趨勢剔除值按季對齊排列，見表 6-10。計算同季平均數得到季節指數。由於四個季度的季節指數總和不等於 4，應進行調整，調整系數為 1.003,7（4÷3.985,4），調整後的季節指數在表中最末行。

表 6-10　　　　　　　飲料銷售額的季節指數計算表

年份＼季度	1	2	3	4	總和
一	—	—	1.770,5	0.217,1	—
二	0.500,0	1.513,5	1.713,3	0.315,8	—
三	0.533,3	1.440,0	1.647,1	0.344,1	—
四	0.522,4	1.402,3	1.776,7	0.319,2	—
五	0.525,2	1.400,9	—	—	—
合計	2.081,0	5.756,7	6.907,6	1.196,2	—
平均	0.520,2	1.439,2	1.726,9	0.299,0	3.985,4
季節指數（%）	52.22	144.45	173.32	30.01	400.00

可見，該公司飲料的銷售額在第二、三季度是旺季，分別比其趨勢值高出 44.45%
和 73.32%。而第一、四季度是銷售淡季，其銷售額分別只相當於當期趨勢值的
52.22% 和 30.01%。

三、季節影響的調整

根據季節指數，就可以從原時間序列中消除季節變動的影響，或在預測時將季節
變動的影響納入考慮，這通常稱為季節影響的調整。

對於包含季節變動的時間序列，將其各項數值除以相應的季節指數，就可從原
時間序列中消除季節變動的影響。消除季節影響後的序列能夠更清晰地顯示其他變動特
徵。對包含季節變動的時間序列進行預測，通常要先求得長期趨勢的預測值，進而再
考慮季節影響，其具體方法就是將各期趨勢預測值乘以相應的季節指數。

【例 6–11】根據例 6–10 中飲料銷售額時間序列，預測第六年各季度的飲料銷
售額。

解：先根據表 6–10 的季節指數，從原時間序列中消除季節變動的影響，計算出
無季節影響的銷售額序列。假定本例不存在循環變動，則無季節影響的銷售額序列包
含長期趨勢和不規則變動兩個構成因素，如表 6–11 所示。

表 6–11　　　　　　　　消除了季節影響的飲料銷售額時間序列

時間序號	銷售額	季節指數	無季節影響的序列	時間序號	銷售額	季節指數	無季節影響的序列
(Y)	(S)	(Y/S)=(TI)	(Y)	(S)	(Y/S)=(TI)
(1)	(2)	(3)	(4)=(2)/(3)	(1)	(2)	(3)	(4)=(2)/(3)
1	29	0.522,2	55.539	11	126	1.733,2	72.696
2	90	1.444,5	62.307	12	28	0.300,1	93.290
3	108	1.733,2	62.311	13	48	0.522,2	91.926
4	14	0.300,1	46.645	14	139	1.444,5	96.229
5	35	0.522,2	67.029	15	179	1.733,2	103.275
6	112	1.444,5	77.537	16	33	0.300,1	109.949
7	130	1.733,2	75.004	17	56	0.522,2	107.247
8	24	0.300,1	79.963	18	152	1.444,5	105.229
9	40	0.522,2	76.605	19	192	1.733,2	110.775
10	108	1.444,5	74.768	20	35	0.300,1	116.613

將實際銷售額時間序列與消除季節影響後的銷售額序列對比，後者可以更清楚地
顯示出銷售額的長期變化呈現明顯的線性增長趨勢。利用最小二乘法對無季節影響的
銷售額序列 ($T \cdot I$) 擬合的趨勢直線方程為 $\hat{T}_t = 49.698,8 + 3.290,3t$，見圖 6–5。

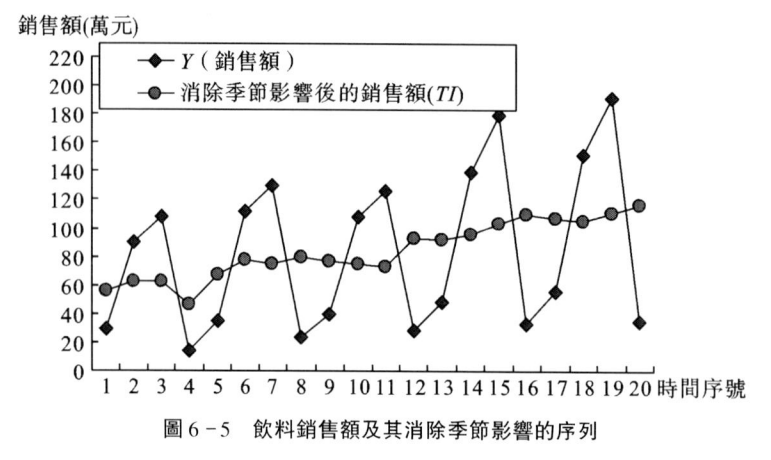

圖 6-5　飲料銷售額及其消除季節影響的序列

利用趨勢外推求得長期趨勢的預測值，再乘以預測期的季節指數，即可求得第六年第一至四季度（$t=21,\cdots,24$）的銷售額預測值依次為（這裡不考慮循環變動影響）：

$\hat{y}_{21} = \hat{T}_{21} \times S_1 = (49.698,8 + 3.290,3 \times 21) \times 0.522,2 = 62.03$（萬元）
$\hat{y}_{22} = \hat{T}_{22} \times S_2 = (49.698,8 + 3.290,3 \times 22) \times 1.444,5 = 176.348$（萬元）
$\hat{y}_{23} = \hat{T}_{23} \times S_3 = (49.698,8 + 3.290,3 \times 23) \times 1.733,2 = 217.306$（萬元）
$\hat{y}_{24} = \hat{T}_{24} \times S_4 = (49.698,8 + 3.290,3 \times 24) \times 0.300,1 = 38.618$（萬元）

本章小結

（1）時間序列是把同一現象在不同時間上的觀察數據按時間先後順序排列起來所形成的數列，它是動態分析的基礎。時間序列的影響因素可歸結為長期趨勢、季節變動、循環變動和不規則變動四種，常以乘法模型為基礎來進行時間序列的分解和組合。

（2）水平分析指標主要有平均發展水平、增減量和平均增減量。不同類型的時間序列計算平均發展水平的方法有所不同。增長量有逐期增長量和累計增長量之分。累計增長量等於相應逐期增長量之和。平均增長量是觀察期內各個逐期增長量的平均數。

（3）速度分析指標有發展速度、增長速度、平均發展速度和平均增長速度。定基發展速度也即發展總速度，它等於相應時期內各環比發展速度的連乘積。增長速度等於發展速度減1。平均發展速度是環比發展速度的平均數，其計算方法通常採用幾何平均法。平均增長速度等於平均發展速度減1。

（4）測定長期趨勢的移動平均法以中心化移動平均值作為趨勢值。對於呈水平趨勢的序列，可用移動平均值作為未來一期的預測值。趨勢方程擬合法以時間為自變量的趨勢方程來反應趨勢，常用最小二乘法估計其參數。趨勢分為線性和非線性兩大類。利用趨勢方程可以預測現象未來的趨勢值。

（5）測定季節變動主要通過季節指數來表明現象在各個季節的水平相對於趨勢值的波動程度。計算季節指數的常用方法是同期平均法和移動平均趨勢剔除法。前者適

用於水平趨勢的序列，後者適用於有增減趨勢的序列。

（6）利用 Excel 的函數或公式功能可以很方便地計算時間序列分析中的各項指標，利用分析工具庫中的「移動平均」「迴歸」或圖表中的添加趨勢線功能，可以測定時間序列的長期趨勢。

思考題與練習題

6-1 一般說來，由時點序列計算平均發展水平需要什麼假定？

6-2 為什麼計算相對數或平均數時間序列的平均發展水平時，不能將各項相對數或平均數簡單平均？

6-3 時間序列有哪些速度分析指標？它們之間的關係是什麼？

6-4 為什麼計算平均發展速度的幾何平均法又稱為水平法？

6-5 為什麼要將速度分析與水平分析結合？這種結合需要注意哪些問題？

6-6 測定長期趨勢的移動平均法和趨勢方程擬合法各有什麼特點？

6-7 對於有增長趨勢的時間序列，為什麼用移動平均法進行預測會有滯後偏差？

6-8 測定季節變動的原資料平均法和趨勢剔除法的基本步驟和原理是什麼？

6-9 某公司報告年流動資產總額的有關數據如下表：

	1月1日	3月1日	6月1日	10月1日	12月31日
流動資產總額（萬元）	530	520	640	670	580

試計算公司報告年流動資產總額的平均水平。

6-10 某商業企業某年第一季度的銷售額、庫存額及流通費用額資料如下：

	1月	2月	3月	4月
銷售額（萬元）	2,880	2,170	2,340	——
月初庫存額（萬元）	1,980	1,310	1,510	1,560
流通費用額（萬元）	230	195	202	——

試計算第一季度的月平均商品流轉次數和商品流通費用率（提示：商品流轉次數＝銷售額÷平均庫存額；商品流通費用率＝流通費用額÷銷售額）。

6-11 中國 2005—2013 年的能源消費總量如下表（單位：億噸標準煤。數據來源於國家統計局網站）。

年　份	2005	2006	2007	2008	2009	2010	2011	2012	2013
能源消費總量	23.6	25.9	28.1	29.1	30.7	32.5	34.8	36.2	37.5

要求根據上述數據計算：

（1）年平均水平和年平均增長量。
（2）年平均增長速度。
（3）指出增長速度超過平均速度的年份有哪些年？
（4）按所求的平均速度預測2016年中國的能源消費總量。
（5）擬合適當的趨勢線並據以預測2016年中國的能源消費總量。

6-12　某企業產品銷售量歷年的增長速度如下：

	第一年	第二年	第三年	第四年	第五年
環比增長速度（%）	7		6.6		
定基增長速度（%）	7	15		30	39

試求五年間年平均增長速度，並指出增長最快的兩年是哪兩年？

6-13　某服裝廠2014年服裝生產量為100萬件。試求：

（1）預計從2015年起，生產量每年遞增10%，到2020年該廠服裝生產量可達到多少？

（2）若希望2020年生產量在2014年基礎上翻一番，問2015年起每年應以多快的速度增長才能達到預定目標？平均每月遞增的速度又該是多少？

6-14　有5年各月的人身意外傷害保險費如下表（單位：百萬元）：

年\月	1	2	3	4	5	6	7	8	9	10	11	12
第一年	282	256	750	535	470	845	302	395	1,376	1,473	673	727
第二年	310	486	740	544	449	786	407	419	1,232	892	607	611
第三年	375	254	910	666	567	847	498	464	1,333	807	614	536
第四年	408	403	1,014	736	700	1,304	528	626	1,457	895	886	1,000
第五年	501	669	1,211	995	881	1,368	718	810	1,690	1,124	957	782

要求：

（1）分別用同期平均法和移動平均趨勢剔除法計算季節指數。

（2）比較說明兩種方法計算結果的差別及其原因。

（3）用所求的季節指數調整原時間序列，對調整後的時間序列用最小二乘法擬合線性趨勢方程。

（4）根據所求的季節指數和趨勢方程，預測第六年各月及全年的保險費。

第七章　統計指數

　　統計指數與時間序列分析都是從動態的角度來研究現象的發展變化。時間序列分析法側重反應能夠直接對比的現象的發展變化，而統計指數分析法側重反應不能直接對比的現象的發展變化。

第一節　統計指數的概念、作用和分類

一、統計指數的概念

　　指數是社會經濟統計中歷史最悠久、應用最廣泛、與社會經濟生活關係最密切的一種統計指標和分析方法。指數產生於 18 世紀中葉歐洲資本主義快速發展時期。當時，由於美洲新大陸開發的大批金銀源源不斷地輸入，歐洲的物價驟然上漲，引起社會的普遍關注。經濟學家和統計學家為了測定物價的變動，開始嘗試編製物價指數。由於指數的概念是從反應物價的變動中產生的，因此，在理解什麼是指數之前，有必要首先理解物量（數量）、價格和價值。

(一) 物量（數量）、價格和價值

　　物量是指一組特定產品（貨物和服務）的數量。每一種貨物和服務，都有計量其數量的單位。如計算機（臺）、汽車（輛）、電（度）、重量（公斤）、長度（米）等。對具有同質性的單一產品，其經濟數量特徵體現在數量、價格、價值三個方面。其中，數量體現為產量、消耗量、購買量等，用實物單位表示。數量這一概念只對單一同質產品有意義，因為只有同一種貨物或服務才能進行數量加總，不同的貨物和服務即使計量單位相同也不能加總，加總以後沒有經濟意義。

　　價格是單位產品的價值。價格的大小與選定的計量單位直接相關，比如貨物按每噸報價，就是按千克報價的 1,000 倍。不同貨物或服務的價格不能相加；不同貨物或服務的價格平均也沒有意義，不能用來計量價格隨時間的推移發生的變化。

　　價值是貨物和服務的數量與價格的乘積，如果用 q 表示物量，p 表示價格，則價值表示為 $v = pq$。價值可以將不同產品用統一的貨幣單位表現出來，因此，不同貨物和服務的價值是可以加總的。

(二) 廣義指數和狹義指數

　　指數的概念可以從廣義和狹義兩方面加以理解。

廣義的指數是指一切說明社會經濟現象數量變動或差異程度的相對數。英國百科全書定義：「指數是用來測定一個變量對於一個特定變量值大小的相對數。」如動態相對數、比較相對數、計劃完成相對數都可以稱為指數。個體指數或多種產品的價值指數（如銷售額指數）都屬於廣義的指數，後者通常稱為價值量指數或總額指數。

狹義的指數是指綜合反應複雜現象總體數量變動或差異程度的特殊相對數。所謂複雜現象總體是指那些由許多度量單位不同、性質各異的個體組成的，數量上不能直接加總的現象總體。例如，居民在一定時期所消費的食品、日用品、服務等項目，其數量不能直接相加；這些食品、日用品、服務等項目的價格即使都用「元」表示，也不能直接相加，因為它們是不同使用價值的價格。因此，居民消費總量和居民消費價格就是複雜現象總體。要反應居民消費數量或消費價格的變動程度，就必須計算一種特殊的相對數，也即計算居民消費量指數和居民消費價格指數，它們就是狹義的指數。本章所介紹的指數主要是狹義的指數[①]。

(三) 指數的特點

指數具有綜合性和平均性特點。

所謂綜合性，是指數不是反應一種事物的變動，而是綜合反應多種事物構成的複雜現象總體的變動。如居民消費價格指數不是反應一種消費品或是一種服務的價格變動，而是綜合反應居民所有生活消費的貨物和服務價格的總變動。如中國居民消費價格指數（CPI）綜合反應了居民消費的食品、菸酒及用品、衣著、家庭設備用品及維修服務、醫療保健和個人用品、交通和通信、娛樂教育文化用品及服務和居住八大類消費項目價格的變化。

所謂平均性，是指數反應的總變動本質上是一種平均變動。由於各個個體的變動是不一樣的，指數反應的這種總變動實際上是將個體變動差異抽象，反應總體變動的一般水平，即各個個體變動的一般程度。例如，「2014全年居民消費價格比上年上漲2.0%。分類別看，食品價格比上年上漲3.1%，菸酒及用品下降0.6%，衣著上漲2.4%，家庭設備用品及維修服務上漲1.2%，醫療保健和個人用品上漲1.3%，交通和通信下降0.1%，娛樂教育文化用品及服務上漲1.9%，居住上漲2.0%」[②] 表示平均說來中國居民各項生活消費項目的價格同比上漲了2.0%，但有的項目價格上漲高於2.0%，比如食品類價格上漲了3.1%；有的項目價格漲幅低於2.0%，比如醫療保健和個人用品類價格上漲了1.3%；有的項目價格下降了，比如交通和通信類價格下降了0.1%。

二、指數的作用

指數的根本意義在於綜合反應複雜現象總體的發展變化以及其對價值總額或總量變化的影響程度。

[①] 以下若無特別指明，指數均指狹義的指數。
[②] 國家統計局. 2014年國民經濟在新常態下平穩運行 [EB/OL]. [2015-01-20]. www.stats.gov.cn/tjsj/zxfb/201502/t20150211_682459.html.

指數經過 200 多年的發展，已經廣泛應用於社會經濟的各個方面，諸如居民消費價格指數、工業生產者出廠價格指數、農產品生產價格指數、固定資產投資價格指數、70 個大中城市住宅銷售價格指數等，已成為社會經濟生活的晴雨表。目前指數的原理進一步被用於經濟景氣、經濟效益、生活質量、綜合國力及社會發展水平、民生等的綜合評價，如中國製造業採購經理指數①、民生指數、房地產開發景氣指數等，在社會經濟的各個方面都發揮著不可替代的重要作用。

三、指數的分類

(一) 按反應現象範圍的不同，指數分為個體指數和總指數

個體指數是反應單個事物變動的相對數，即廣義的指數。反應單個事物數量變動的指數稱為數量個體指數或量比，一般用 $I_q = q_1/q_0$ 表示（其中 I 表示個體指數，q 表示數量指標，腳標 1 和 0 分別表示報告期和基期）；例如反應一種產品產量變動的產量個體指數，反應一種商品銷售量變動的銷售量個體指數。反應單個事物價格變動的指數稱為價格個體指數或價比，一般用 $I_p = p_1/p_0$ 表示（其中 p 表示價格或質量指標，其他符號意義同前）；例如反應一種產品出廠價格變動的出廠價格個體指數，反應一種商品銷售價格變動的銷售價格個體指數。

總指數是反應由多個個體構成的複雜現象總體綜合變動的相對數，即狹義的指數。如反應多種商品銷售量變動的銷售量總指數 $\bar{I}_q$，反應多種商品價格變動的價格總指數 $\bar{I}_p$。

當需要對所研究的現象總體分類（組）時，反應其中某一類現象——如居民消費價格指數中的食品、衣著等——變動的相對數稱為類指數或組指數。類指數相對於個體指數是總指數，其計算方法與總指數相同。

(二) 按反應現象特徵的不同，指數分為數量指標指數和質量指標指數

在統計指數理論中，把所要反應其數量變動的那個指標稱為指數化指標。若指數化指標是數量指標，該指數就是數量指標指數，如產品產量指數、商品銷售量指數等。若指數化指標是質量指標，該指數就是質量指標指數，如價格指數、單位產品成本指數等。

(三) 按對比基礎性質的不同，指數分為動態指數和靜態指數

動態指數是用於說明現象在不同時間上對比的相對數。動態指數按採用的對比基期的不同，分為環比指數和定基指數，以上期為對比基期的指數，稱為環比指數；以某一固定時期為對比基期的指數，稱為定基指數。

靜態指數是指數理論應用的擴展，包括空間比較指數和計劃完成指數。空間比較

---

① 採購經理指數（PMI），是對企業採購經理的月度調查結果統計匯總、編製而成的指數，它涵蓋了企業採購、生產、流通等各個環節，是國際上通用的監測宏觀經濟走勢的先行性指數之一，具有較強的預測、預警作用。PMI 通常以 50% 作為經濟強弱的分界點，PMI 高於 50% 時，反應製造業經濟擴張；低於 50%，則反應製造業經濟收縮。

指數是反應複雜現象在同一時間不同空間的差異程度，例如，比較甲乙兩個地區一般物價水平就需要計算空間比較指數。計劃完成指數是指複雜現象的計劃完成程度，例如，某企業多種產品的實際產量與計劃產量之比，綜合說明多種產品產量的計劃完成程度。靜態指數的基本原理與分析方法與動態指數相同。

第二節　總指數的計算

總指數的基本計算方法有綜合法和平均法兩種，習慣上分別把這兩種方法計算的總指數稱為綜合法指數和平均法指數。需要注意的是，綜合法指數和平均法指數僅僅是指總指數的兩種計算方法，而不是指數的分類。

一、綜合法指數

(一) 綜合法指數的原理

綜合法指數是指通過兩個時期的綜合總量對比所計算的總指數。如前所述，總指數是反應由多個個體構成的複雜現象總體綜合變動的相對數。而構成複雜現象總體的多個個體使用價值不同、度量單位不同，不能直接加總，即統計上的「不同度量」。因此，要綜合反應複雜現象總體的變動，必須首先解決不同度量的問題。為此，我們需要引入一個媒介因素，使不同度量、不能加總的現象轉化為同度量、可以加總的現象。這個媒介因素，在統計指數理論中被稱為同度量因素。

對於具體研究的對象，以什麼因素為同度量因素，要以現象之間的客觀經濟聯繫來決定。很多社會經濟現象之間的聯繫，都可以用經濟方程式來表示，比如：

銷售總額 = $\sum$ (銷售量 × 價格)

出口總額 = $\sum$ (出口量 × 離岸價格)

總成本 = $\sum$ (產量 × 單位產品成本)

工業總產出 = $\sum$ (工業產品產量 × 出廠價格)

……

這些經濟方程式等號左邊是價值總額，等號右邊的兩個現象都是複雜現象總體。其中一個是數量指標，如銷售量、出口量、產量等；另一個是質量指標，如價格、單位產品成本等，它們是影響總額的因素。由於二者的乘積是價值量，不同商品或產品的價值量是可以加總的。因此，在計算指數時，經濟方程式右邊的數量指標和質量指標互為同度量因素。也就是說，反應數量指標的變化，要以相對應的質量指標為同度量因素；反應質量指標的變化，要以相對應的數量指標為同度量因素。

引入同度量因素以後，不能直接相加的現象變成了能夠相加的價值總額，但價值總額的變動中不僅包含了所研究現象即指數化指標的變動，也包含了同度量因素的變動。因此，在引進同度量因素的同時，還必須將同度量因素的時期固定下來，使所得

的指數只反應指數化指標的變動。將同度量因素固定在某一個時期，得到兩個時期綜合的總量，再將兩個時期綜合的總量對比所得的總指數即綜合法指數。

(二) 同度量因素固定的時期選擇

如何選擇同度量因素固定的時期，是國內外統計理論界長期討論的一個重要問題。

(1) 把同度量因素固定在基期——拉氏指數。

1864 年，德國經濟學家埃蒂恩·拉斯貝爾斯（Etienne Laspeyres，1834—1913）提出，把同度量因素固定在基期時，所計算的指數稱為拉斯貝爾斯指數，簡稱拉氏指數。拉氏數量指標指數和拉氏質量指標指數計算公式分別為：

拉氏數量指標指數：$\bar{I}_q = \dfrac{\sum q_1 p_0}{\sum q_0 p_0}$ (7.1)

拉氏質量指標指數：$\bar{I}_p = \dfrac{\sum p_1 q_0}{\sum p_0 q_0}$ (7.2)

(2) 把同度量因素固定在報告期——帕氏指數。

1874 年，另一位德國經濟學家哈曼·帕歇（Hermann Paasche，1851—1925）提出應該把同度量因素固定在報告期。由此產生帕歇綜合法指數，簡稱帕氏指數。帕氏數量指標指數和帕氏質量指標指數計算公式分別為：

帕氏數量指標綜合法指數：$\bar{I}_q = \dfrac{\sum q_1 p_1}{\sum q_0 p_1}$ (7.3)

帕氏質量指標綜合法指數：$\bar{I}_p = \dfrac{\sum p_1 q_1}{\sum p_0 q_1}$ (7.4)

實際應用中，為了使數量指標總指數與質量指標總指數的乘積等於價值總指數，以便進行因素分析，在計算數量指標指數時，一般把同度量因素固定在基期；計算質量指標指數時，一般把同度量因素固定在報告期，即一般以（7.1）式計算數量指標總指數，以（7.4）式計算質量指標總指數。

(3) 把同度量因素固定在某一特定時期——固定權數指數。

計算產品物量指數時，為了便於各個時期指數的相互對比，還可用可比價格或某一特定時期的價格為同度量因素，即：

$\bar{I}_q = \dfrac{\sum q_1 p_n}{\sum q_0 p_n}$ (7.5)

其中，p_n 表示固定在某一特定時期的價格。

(三) 綜合法指數的計算

1. 數量指標綜合法指數的計算

根據表 7-1 第（1）欄至第（4）欄資料，反應各種商品銷售量變動的個體指數分別是：10/12 = 83.3%、12/10 = 120%、10/6 = 166.7%。它們表示報告期與基期相比三

種商品的銷售量分別減少16.7%、增長20%及增長66.7%。

表7－1　　　　　　　　某商業企業銷售量及價格統計表

商品名稱	計量單位	銷售量 基期 q_0	銷售量 報告期 q_1	價格（萬元）基期 p_0	價格（萬元）報告期 p_1	銷售額（萬元）q_0p_0	銷售額（萬元）q_1p_1	銷售額（萬元）q_1p_0
(甲)	(乙)	(1)	(2)	(3)	(4)	(5)=(1)×(3)	(6)=(2)×(4)	(7)=(2)×(3)
甲	萬件	12	10	2.0	2.6	24	26	20
乙	萬支	10	12	4.0	5.0	40	60	48
丙	萬臺	6	10	29.0	30.0	174	300	290
合計	—	—	—	—	—	238	386	358

資料欄　　　　　　　　　　　計算欄

現在我們的目的是要綜合反應這三種商品銷售量的總變動，需要計算銷售量總指數。由於這些商品各有不同的使用價值和度量單位，銷售量這一實物量指標是不能直接加總的。需要引入價格作為同度量因素，用銷售量乘以價格，使不能加總的銷售量轉化為可以加總的銷售額。同時，把作為同度量因素的價格固定在基期。

根據公式（7.1），需要計算基期銷售額 q_0p_0 和報告期銷售量按基期價格計算的銷售額 q_1p_0，見表7－1第（5）和第（7）欄。

$$\bar{I}_q = \frac{\sum q_1p_0}{\sum q_0p_0} = \frac{358}{238} = 150.42\%$$

$$\sum q_1p_0 - \sum q_0p_0 = 358 - 238 = 120(萬元)$$

計算結果的含義是，報告期三種商品的銷售量總的來說（或平均來說）比基期增長50.42%；由於三種商品銷售量增加，銷售總額也相應增長50.42%，增加120萬元。

從計算可以看出，銷售量指數比較接近丙商品個體指數。因為價格直接影響銷售額，價格高的商品其銷售量乘以價格所得銷售額相對較大，對銷售量總指數的影響也較大，而價格低的商品其銷售量乘以價格所得銷售額相對較小，對銷售量總指數的影響也較小。可見，價格不僅起到同度量的作用，還起到權數的作用。由此也看出總指數實際上是一個加權平均數。

2. 質量指標綜合法指數的計算

根據表7－1第（1）欄至第（4）欄資料，反應各種商品價格變動的個體指數分別是：2.6/2=130%、5/4=125%、30/29=103.45%，表示報告期與基期相比三種商品的價格分別上升了30%、25%和3.45%。

現在我們的目的是要綜合反應這三種商品價格的總變動，因此需要計算的是價格總指數。根據表7－1的資料可見，各種不同使用價值、不同計量單位的商品的價格是不能直接加總對比的。要反應不同商品價格的總變動，要以各種商品的銷售量為同度量因素，用價格乘以銷售量，使不能加總的價格轉化為可以加總的銷售額，同時需要

把同度量因素固定在報告期。

根據公式（7.4），為了計算價格總指數，需要計算報告期銷售額 q_1p_1 和報告期銷售量按基期價格計算的銷售額 q_1p_0，見表7-1第（6）和第（7）欄。

$$\bar{I}_p = \frac{\sum p_1 q_1}{\sum p_0 q_1} = \frac{386}{358} = 107.82\%$$

$$\sum p_1 q_1 - \sum p_0 q_1 = 386 - 358 = 28(萬元)$$

計算結果的含義是，報告期三種商品的價格總的來說（或平均來說）比基期上漲7.82%；由於三種商品價格上漲，銷售總額也相應增長7.82%，增加28萬元。

二、平均法指數

平均法指數是指通過對個體指數加權平均所求的總指數。

當研究對象範圍相當大時（全國或地區國民經濟），要獲取各個個體的相關資料，如各種商品基期和報告期的銷售量以及相應的價格數據是相當困難的。人們在實踐中通常根據抽樣調查取得代表商品的個體指數，然後對個體指數加權平均求得總指數。

平均法指數要解決的主要問題是：採用哪種平均方法？權數如何確定？常用的平均方法主要有算術平均法和調和平均法；權數的確定既要考慮經濟意義，又要考慮獲取資料的可行性，因此產生出基期總額 p_0q_0、報告期總額 p_1q_1 和比重 w 等權數形式。

（一）總額加權的平均法指數

1. 基期總額加權的平均法數量指標指數

若有數量指標個體指數和基期總額，根據加權算術平均法可以得到算術平均法數量指標指數：

$$\bar{I}_q = \frac{\sum \frac{q_1}{q_0} q_0 p_0}{\sum q_0 p_0} = \frac{\sum q_1 p_0}{\sum q_0 p_0} \tag{7.6}$$

可以看出，當採用算術平均方法以基期總額 p_0q_0 為權數時，對數量指標個體指數加權平均求得的數量指標總指數，是數量指標綜合法指數的變形。二者只是由於計算所用資料的不同而產生計算形式的不同，但經濟意義和計算結果是完全相同的。

【例7-2】根據表7-2的資料，計算銷售量總指數。

表7-2　　　　　　　　某商業企業個體指數及銷售額資料

商品名稱	計量單位	銷售量個體指數 $I_q = q_1/q_0$	基期銷售額（萬元） p_0q_0
甲	萬件	0.833	24
乙	萬支	1.200	40
丙	萬臺	1.667	174
合計	—	—	238

根據公式（7.6）有：

$$\bar{I}_q = \frac{\sum \frac{q_1}{q_0} q_0 p_0}{\sum q_0 p_0} = \frac{0.833 \times 24 + 1.2 \times 40 + 1.667 \times 174}{24 + 40 + 174} = \frac{358}{238} = 150.42\%$$

由於銷售量增長而增加的銷售總額為：

$$\sum \frac{q_1}{q_0} q_0 p_0 - \sum q_0 p_0 = 358 - 238 = 120（萬元）$$

計算結果與前面用綜合法指數公式計算的結果完全相同，經濟意義也一樣。

2. 報告期總額加權的平均法質量指標指數

若有質量指標個體指數和報告期總額，採用加權調和平均法可以得到質量指標總指數：

$$\bar{I}_p = \frac{\sum p_1 q_1}{\sum \frac{p_1 q_1}{\frac{p_1}{p_0}}} = \frac{\sum p_1 q_1}{\sum p_0 q_1} \qquad (7.7)$$

可以看出，當以報告期總額 $p_1 q_1$ 為權數時，調和平均法質量指標指數是質量指標綜合法指數的變形。

【例 7-3】根據表 7-3 資料，計算價格總指數。

表 7-3

商品名稱	計量單位	價格個體指數 $I_p = p_1/p_0$	報告期銷售額（萬元） $p_1 q_1$
甲	萬件	1.30	26
乙	萬支	1.25	60
丙	萬臺	1.034,5	300
合計	—	—	386

根據公式（7.7）有：

$$\bar{I}_p = \frac{\sum q_1 p_1}{\sum \frac{q_1 p_1}{\frac{p_1}{p_0}}} = \frac{26 + 60 + 300}{\frac{26}{0.833} + \frac{60}{1.25} + \frac{300}{1.034,5}} = \frac{386}{358} = 107.82\%$$

由於價格上升而增加的銷售總額為：

$$\sum q_1 p_1 - \sum \frac{q_1 p_1}{\frac{p_1}{p_0}} = 386 - 358 = 28（萬元）$$

其計算結果與前面用綜合法指數公式計算的結果完全相同，經濟意義也一樣。

(二) 比重加權的平均法指數

1. 基本公式

所謂比重加權的平均法指數是指以比重權數對個體指數加權平均所求的總指數。通常採用的是算術平均法形式，其基本公式為：

$$I = \frac{\sum Iw}{\sum w} \qquad (7.8)$$

中國居民消費價格指數、商品零售價格指數、工業品出廠價格指數等就是採用這種方法計算的：

$$I = \frac{\sum \frac{p_1}{p_0}w}{\sum w} \qquad (7.9)$$

2. 居民消費價格指數

居民消費價格指數（Consumer Price Indices，CPI）綜合反應居民家庭所購買的各種消費品和服務的價格變動程度，是各國政府都非常重視並且一直在編製的一種經濟指數，也是中國政府統計部門編製並發布的最重要的價格指數。居民消費價格指數與生產者的利益和人民生活、經濟發展與社會穩定等息息相關。它通常影響著政府關於財政、貨幣、消費、工資、社會保障等政策的制定，是研究人民生活水平、監測社會穩定性、進行宏觀經濟分析和調控的重要依據。

通貨膨脹率一般以居民消費價格指數減去100%來反應，說明一定時期內商品價格持續上升的幅度。貨幣購買力是指單位貨幣所能購買的消費品和服務的數量。價格上升意味著貨幣貶值，貨幣購買力下降；反之，價格下降意味著貨幣升值，貨幣購買力上升。貨幣購買力指數通常就是用居民消費價格指數的倒數來的。

常常用居民消費價格指數將價值量指標的名義值減縮為實際值，以消除價格變化的影響。如用名義工資除以居民消費價格指數，得到實際工資。

中國編製居民消費價格指數時，把居民消費分為食品、菸酒及用品、衣著、家庭設備用品及服務、醫療保健及個人用品、交通和通信、娛樂教育文化用品及服務、居住等八大類。每個大類又分為若干中類，中類還有基本分類，共有263個基本分類。基本分類中包括若干代表規格品。目前編製中國居民消費價格指數時所選擇的代表性商品和服務項目有600～700種，數據採集覆蓋了從全國抽選出的226個地區，包括146個城市和80個縣。該指數每月編製並公布，具有較強的及時性。為了滿足分層面分析的需要，不僅編製全國的，也編製分地區的、分城鄉的居民消費價格指數。2001年起，將對比基準固定為2000年平均價格水平，以後每五年或十年更換一次對比基期。權數根據城鄉居民家庭生活支出構成來確定，例如食品大類的權數為食品類支出額占全部支出額的比重，糧食中類的權數為糧食支出在食品大類支出額所占的比重，用千分數表示。

居民消費價格指數的計算從各個代表規格品的個體指數開始，逐級計算基本分類指數、中類指數、大類指數和總指數。計算方法分別為：

代表品的環比價格指數（G_t）＝報告期平均價格除以基期平均價格，即：

$$G_t = \frac{\bar{p}_t}{\bar{p}_{t-1}} \qquad (7.10)$$

基本分類環比價格指數（$I_{t,小類}$）等於 n 個代表品的環比價格指數的簡單幾何平均數，即：

$$I_{t,小類} = \sqrt[n]{G_1 \times G_2 \times \cdots \times G_n} \qquad (7.11)$$

中類、大類和總體的環比指數都是採用公式（7.9）逐級求加權算術平均數，求上一層價格指數時，把下一層價格指數視為個體指數。即：

$$\bar{I}_{t,中類,環比} = \frac{\sum I_{t,小類,環比} W_{t-1}}{\sum W_{t-1}}$$

$$\bar{I}_{t,大類,環比} = \frac{\sum I_{t,中類,環比} W_{t-1}}{\sum W_{t-1}}$$

$$\bar{I}_{t,總體,環比} = \frac{\sum I_{t,大類,環比} W_{t-1}}{\sum W_{t-1}} \qquad (7.12)$$

其中 W_{t-1} 為權數，是上一期每一層次各項商品消費額在該層次商品消費總額中所占的比重。

各級分類和總體的報告期定基指數都等於相應報告期環比指數與上期定基指數的乘積，即計算公式為：

$$\bar{I}_{t,定基} = \bar{I}_{t,環比} \times \bar{I}_{t-1,定基} = \left(\frac{\sum I_{類,環比} W_{t-1}}{\sum W_{t-1}}\right) \bar{I}_{t-1,定基} \qquad (7.13)$$

公式（7.13）稱為計算定基居民消費價格指數的鏈式拉氏公式。

【例7-4】某市居民消費價格指數的有關資料如表7-4所示，試計算該市居民消費價格指數。

表7-4　　　　　　　　某市居民消費價格指數計算表

	權數（‰）	本月環比指數（％）	上月定基指數（％）	本月定基指數（％）
居民消費價格指數	1,000	[102.0]	108.5	[110.7]
一、食品	487	104.6	119.6	
1. 糧食	(70)	[104.4]	115.5	[120.6]
(1) 大米	<470>	105.5	109.4	115.4
(2) 面粉	<350>	[103.4]	107.5	[111.2]
標準粉		102.5		
精製粉		104.3		
(3) 糧食製品	<78>	105.0	106.4	

表7－4(續)

	權數 (‰)	本月環比指數 (%)	上月定基指數 (%)	本月定基指數 (%)
(4) 其他	<102>	102.7	115.7	
2. 澱粉及薯類	(11)	102.1	105.1	
…	…	…	…	…
6. 其他食品及加工服務費	(135)	101.9	109.5	
二、菸酒及用品	54	101.4	98.7	100.1
三、衣著	87	98.3	96.5	94.9
四、家庭設備用品及服務	58	97.5	98.4	95.9
五、醫療保健及個人用品	45	102.7	99.6	102.3
六、交通和通信	65	95.1	95.8	91.1
七、娛樂教育文化用品及服務	89	99.5	107.7	107.2
八、居住	115	102.0	114.9	117.2

(1) 由公式（7.11）及（7.13）可得面粉的環比價格指數和定基價格指數：

$I_{面粉,環比} = \sqrt{1.025 \times 1.043} = 103.4\%$；

$I_{面粉,定基} = 1.034 \times 1.075 = 111.2\%$

(2) 由公式（7.12）及（7.13）可得糧食類價格指數：

$I_{糧食,環比} = 1.055 \times \dfrac{470}{1,000} + 1.034 \times \dfrac{350}{1,000} + 1.05 \times \dfrac{78}{1,000} + 1.027 \times \dfrac{102}{1,000}$
$= 104.44\%$

$I_{糧食,定基} = 1.044 \times 1.155 = 120.6\%$

(3) 由公式（7.12）可得該市居民消費價格指數：

$\bar{I}_{環比} = 1.046 \times 0.487 + 1.014 \times 0.054 + 0.983 \times 0.087 + 0.975 \times 0.058$
$+ 1.027 \times 0.045 + 0.951 \times 0.065 + 0.995 \times 0.089 + 1.02 \times 0.115 = 102.0\%$

由公式（7.13）可得該市居民消費價格定基指數：

$I_{定基} = 1.020 \times 1.085 = 110.7\%$

計算結果表明，本月該市居民消費價格比上月上漲2.0%，比固定基期價格水平上漲10.7%。

第三節　指數體系與因素分析

一、指數體系的概念和作用

(一) 指數體系的概念

社會經濟現象之間總是相互聯繫的，某一現象往往可以分解為兩個或多個影響因

素的乘積，形成經濟方程式。現象之間的這種聯繫反應在指數關係上就形成指數體系。

指數體系是若干個有聯繫的指數形成的整體，其表現形式為：某一現象的指數等於它的各個影響因素指數的乘積，某一現象變化的絕對差額等於它的各個影響因素變化引起該現象變化的絕對差額之和。例如：

銷售總額指數＝銷售量指數×銷售價格指數

總成本指數＝產量指數×單位產品成本指數

……

商品銷售總額增減額＝由於商品銷售量變化而增減的銷售總額＋由於零售價格變化而增減的銷售總額

總成本增減額＝由於產量變化而增減的總成本＋由於單位成本變化而增減的總成本

……

用符號表示是：

$$\frac{\sum q_1 p_1}{\sum q_0 p_0} = \frac{\sum q_1 p_0}{\sum q_0 p_0} \times \frac{\sum p_1 q_1}{\sum p_0 q_1} \tag{7.14}$$

$$\sum q_1 p_1 - \sum q_0 p_0 = (\sum q_1 p_0 - \sum q_0 p_0) + (\sum p_1 q_1 - \sum p_0 q_1) \tag{7.15}$$

如果只反應單個事物價值量的變動及各個因素的影響，則所依據的是個體指數體系：

$$\frac{q_1 p_1}{q_0 p_0} = \frac{q_1 p_0}{q_0 p_0} \times \frac{p_1 q_1}{p_0 q_1} = \frac{q_1}{q_0} \times \frac{p_1}{p_0} \tag{7.16}$$

$$q_1 p_1 - q_0 p_0 = (q_1 p_0 - q_0 p_0) + (p_1 q_1 - p_0 q_1) = (q_1 - q_0) p_0 + (p_1 - p_0) q_1 \tag{7.17}$$

可見，個體指數實際上是總指數的特例，其指數體系形式和分析方法都與總指數體系一致，只是由於不存在加總問題，計算公式中沒有「Σ」這個符號。

(二) 指數體系的主要作用

1. 利用指數體系進行指數之間的相互推算

即根據有關現象的變動程度來推算另一現象的變動程度。例如，某企業本月將各種產品的單位成本平均上漲5％，預計銷售量可增加15％，因此可根據指數體系推算：總成本指數＝單位成本指數×產量指數＝105％×115％＝120.75％，即預計總成本將比上月增加20.75％。又如，同樣多的貨幣報告期比基期少購買6％的商品，則可推算：價格指數＝購買額指數÷購買量指數＝100％÷94％＝106.38％。即同樣多的貨幣報告期比基期少購買6％的商品，是因為價格平均上漲了6.38％。

2. 利用指數體系進行因素分析

由於某種現象的變動是受多個影響因素變動共同作用的結果，因此，利用指數體系可以分別測定各個影響因素對所研究現象的影響。指數體系不僅適用於分析現象總量的變動，也適用於分析分組情況下總平均數的變動。

二、現象總量變動的因素分析

因素分析法是利用指數體系從相對數和絕對數兩方面分析現象總量變動受各個因素變動影響的方法。因素分析按分析對象所表現的數量特徵分為總量因素分析和總平均數因素分析；按所分析對象中影響因素的多少，分為兩因素分析和多因素分析，指數體系在用於多因素分析時，習慣上又稱為連鎖關係替代法。

(一) 現象總量變動的兩因素分析

對由兩因素構成的現象總量，因素分析的步驟是：首先計算所研究現象變動的相對程度及絕對差額，然後分別計算兩個影響因素指數及由此引起的現象變動的絕對差額，最後列出三者之間的聯繫關係並進行文字的綜合說明。

【例 7-5】根據表 7-1 的資料，分析商品銷售總額的變動及其原因。

由於商品銷售總額受銷售量和銷售價格的影響，因此需要利用指數體系進行分析。

銷售總額指數及增減絕對額：

$$I_{qp} = \frac{\sum q_1 p_1}{\sum q_0 p_0} = \frac{386}{238} = 1.621,85 = 162.185\%$$

$$\sum q_1 p_1 - \sum q_0 p_0 = 386 - 238 = 148(萬元)$$

銷售量總指數及由於銷售量變動引起的銷售額絕對增減額：

$$I_q = \frac{\sum q_1 p_0}{\sum q_0 p_0} = \frac{358}{238} = 1.504,2 = 150.42\%$$

$$\sum q_1 p_0 - \sum q_0 p_0 = 358 - 238 = 120(萬元)$$

價格總指數及由於價格變動引起銷售額的絕對增減額：

$$I_p = \frac{\sum p_1 q_1}{\sum p_0 q_1} = \frac{386}{358} = 1.078,2 = 107.82\%$$

$$\sum p_1 q_1 - \sum p_0 q_1 = 386 - 358 = 28(萬元)$$

三者所形成的指數體系關係及分析說明：

計算結果表明，這三種商品銷售額報告期比基期增長了 62.185%，增加 148 萬元。三種商品的銷售量平均增長 50.42%，使銷售額增長 50.42%、增加 120 萬元；三種商品的價格平均上漲 7.82%，使銷售額上升 7.82%、增加 28 萬元。其關係為：

162.185% = 150.42% × 107.82%

148（萬元）= 120 + 28

以總額 $q_0 p_0$ 或 $q_1 p_1$ 為權數的平均法指數是綜合法指數的變形，因此也存在指數體系關係。

【例 7-6】根據表 7-5 數據計算分析某公司總成本的變動及其原因。

由於總成本等於產量與單位成本之積，因此表 7-5 第 (1) 欄和第 (2) 欄應分別用 $q_0 p_0$ 和 $q_1 p_1$ 表述，單位成本個體指數 p_1/p_0 等於上升的百分比加上 1，如表 7-5 第

(4)欄所示。

表7-5　　　　　　　　　某公司總成本及單位成本資料

商品名稱	計量單位	總成本（萬元）基期 q_0p_0	總成本（萬元）報告期 q_1p_1	單位成本上升（％）	單位成本個體指數 p_1/p_0
（甲）	（乙）	（1）	（2）	（3）	（4）
A	件	200	220	10	1.10
B	箱	50	50	6	1.06
C	噸	120	150	-2	0.98
合計	——	370	420		

第一步，計算總成本指數及增減絕對額：

$$\bar{I}_{qp} = \frac{\sum q_1p_1}{\sum q_0p_0} = \frac{420}{370} = 113.51\%$$

$$\sum q_1p_1 - \sum q_0p_0 = 420 - 370 = 50(萬元)$$

第二步，根據所給資料，應該用調和平均法計算單位成本指數及由單位成本變化所引起的總成本的增減額：

$$\bar{I}_p = \frac{\sum p_1q_1}{\sum \frac{p_1q_1}{\frac{p_1}{p_0}}} = \frac{220+50+150}{\frac{220}{1.10}+\frac{50}{1.06}+\frac{150}{0.98}}$$

$$\approx \frac{220+50+150}{200+47.17+153.06} = \frac{420}{400.23} \approx 104.94\%$$

$$\sum q_1p_1 - \sum \frac{q_1p_1}{\frac{p_1}{p_0}} = 420 - 400.23 = 19.77(萬元)$$

第三步，根據指數體系的關係計算產量總指數及由產量變化所引起的總成本的增減額：

$$\bar{I}_q = \frac{I_{qp}}{I_p} = \frac{113.51\%}{104.94\%} \approx 108.17\%$$

由於產量增加而增加的總成本為：

50 - 19.77 = 30.23（萬元）

還可以這樣計算：

因為 $\sum \frac{q_1p_1}{\frac{p_1}{p_0}} = \sum q_1p_0 = 400.23(萬元)$

所以產量總指數及由產量變化所引起的總成本的增減額為：

$$\bar{I}_q = \frac{\sum q_1 p_0}{\sum q_0 p_0} = \frac{400.23}{370} = 108.17\%$$

$$\sum q_1 p_0 - \sum q_0 p_0 = 400.23 - 370 = 30.23(萬元)$$

總成本、產量、單位成本指數及絕對額的關係為：

113.51% = 104.94% × 108.17%

50（萬元） = 19.77 + 30.23

(二) 現象總量變動的多因素分析

多因素分析就是將所研究現象分解為三個或三個以上的影響因素，分別測定各影響因素的變動程度及其影響作用。多因素分析原理和方法與兩因素分析是一致的，但在分析過程中要注意兩點：

第一，各因素的排列順序應以它們之間的相互聯繫為依據，使兩兩相乘有經濟意義，以便確定同度量因素所屬的時期。

例如：銷售利潤額 = 銷售量 × 單位商品銷售價格 × 銷售利潤率

= 銷售額 × 銷售利潤率

= 銷售量 × 單位商品銷售利潤率

第二，測定其中某個因素的作用時，要使其餘所有的因素固定下來。也就是說，計算各影響因素指數時，作為同度量因素的指標不是一個，而是兩個或兩個以上。在全部的影響因素中，數量指標和質量指標的區分是兩兩相對而言的，一般在計算質量指標指數時，把作為同度量因素的數量指標固定在報告期；在計算數量指標指數時，把作為同度量因素的質量指標固定在基期。

總量變動的因素分析方法也常常稱為連鎖替代法。從上邊把總量分解成兩因素和三因素的例子可以看出，其做法是從基期開始，第一步假定第一個因素變化，這個因素的下標變成1，後邊的因素保持不變，即下標為0；第二步假定第二個因素變化，則第二個因素的下標變成1，前後因素在第一步的基礎上不變，即第一個因素的下標為1，第三個因素的下標為0，依次類推。將因素替代後的總量與替代前的總量進行對比，即可反應所替代因素的變化及其對相應總量的影響。其過程可以表示如下：

$$\sum a_0 b_0 c_0 d_0 \xrightarrow{a \text{變化}} \sum a_1 b_0 c_0 d_0 \xrightarrow{b \text{變化}} \sum a_1 b_1 c_0 d_0 \xrightarrow{c \text{變化}} \sum a_1 b_1 c_1 d_0 \xrightarrow{d \text{變化}} \sum a_1 b_1 c_1 d_1$$

$$\frac{\sum a_1 b_0 c_0 d_0}{\sum a_0 b_0 c_0 d_0} \quad \frac{\sum a_1 b_1 c_0 d_0}{\sum a_1 b_0 c_0 d_0} \quad \frac{\sum a_1 b_1 c_1 d_0}{\sum a_1 b_1 c_0 d_0} \quad \frac{\sum a_1 b_1 c_1 d_1}{\sum a_1 b_1 c_1 d_0}$$

要注意，這種連鎖替代法的前提必須是按「先數量指標，後質量指標」的原則來排列各個因素。

【例7－7】根據表7－6的有關資料，分析某企業銷售利潤總額的變動及其原因。

表 7-6　　　　　　　　　　某企業銷售量、價格和利潤率資料

產品名稱	計量單位	銷售量 q_0	銷售量 q_1	價格（萬元）p_0	價格（萬元）p_1	銷售利潤率（%）m_0	銷售利潤率（%）m_1
甲	萬輛	15	16	35	32	11	13
乙	萬臺	25	25	18	17.6	20	19
丙	萬件	50	55	2.9	3.1	7	8

該例中，對銷售利潤總額的變動進行三因素分析，首先需要計算利潤總額指數及絕對增減額，其次分別計算銷售量總指數、價格總指數、銷售利潤率總指數及由於各因素變動引起的利潤絕對增減額。

在計算銷售量總指數時，同度量因素是商品銷售價格和銷售利潤率。由於銷售量是數量指標，銷售價格和銷售利潤率相對於銷售量而言都是質量指標，均應固定在基期。若從兩兩比較來看，道理也是一樣的。銷售量和價格比較，銷售量是數量指標，價格是質量指標；而銷售量和價格的乘積是銷售額，銷售額和銷售利潤率比較，銷售額是數量指標，銷售利潤率是質量指標。

在計算價格總指數時，價格相對於銷售量而言是質量指標，銷售量是數量指標，故銷售量應固定在報告期；而價格與銷售量的乘積，即銷售額是數量指標，銷售利潤率相對於銷售額是質量指標，因此，銷售利潤率應固定在基期。

在計算銷售利潤率總指數時，銷售量和價格的乘積，即銷售額相對於銷售利潤率是數量指標，銷售利潤率是質量指標。因此，銷售量和價格都要固定在報告期。有關的計算見表 7-7。

表 7-7　　　　　　　　某企業利潤額變動三因素分析計算表

產品名稱	計量單位	銷售量 q_0	銷售量 q_1	價格(萬元) p_0	價格(萬元) p_1	利潤率(%) m_0	利潤率(%) m_1	利潤額（萬元）$q_0p_0m_0$	利潤額（萬元）$q_1p_1m_1$	利潤額（萬元）$q_1p_0m_0$	利潤額（萬元）$q_1p_1m_0$
甲	萬輛	15	16	35	32	11	13	57.75	66.56	61.60	56.32
乙	萬臺	25	25	18	17.6	20	19	99.00	83.60	99.00	96.80
丙	萬件	50	55	29	31	7	8	101.50	136.40	111.65	119.35
合計	—							258.25	286.56	272.25	272.47

利潤總額指數及絕對增減額：

$$\bar{I}_{qpm} = \frac{\sum q_1 p_1 m_1}{\sum q_0 p_0 m_0} = \frac{286.56}{258.25} = 110.96\%$$

$$\sum q_1 p_1 m_1 - \sum q_0 p_0 m_0 = 286.6 - 258.3 = 28.31(萬元)$$

銷售量總指數及由銷售量變動引起的利潤增減額：

$$\bar{I}_q = \frac{\sum q_1 p_0 m_0}{\sum q_0 p_0 m_0} = \frac{272.25}{258.25} = 105.42\%$$

$$\sum q_1 p_0 m_0 - \sum q_0 p_0 m_0 = 272.3 - 258.3 = 14.0(萬元)$$

價格總指數及由價格變動所引起的利潤增減額：

$$\bar{I}_p = \frac{\sum q_1 p_1 m_0}{\sum q_1 p_0 m_0} = \frac{272.42}{272.25} = 100.08\%$$

$$\sum q_1 p_1 m_0 - \sum q_1 p_0 m_0 = 272.42 - 272.25 = 0.22(萬元)$$

銷售利潤率總指數及由銷售利潤率變動所引起的利潤增減額：

$$\bar{I}_m = \frac{\sum q_1 p_1 m_1}{\sum q_1 p_1 m_0} = \frac{286.56}{272.47} = 105.20\%$$

$$\sum q_1 p_1 m_1 - \sum q_1 p_1 m_0 = 282.56 - 272.47 = 14.09(萬元)$$

以上計算表明，該企業報告期與基期相比銷售利潤總額增長10.96%，銷售利潤額增加28.31萬元。這是三個因素共同作用的結果：三種產品的銷售量增長5.42%，使銷售利潤總額增長5.42%，增加14萬元；銷售價格平均上漲0.08%，使銷售利潤額增長0.08%，增加0.22萬元；銷售利潤率平均上升5.2%，使銷售利潤額增長5.2%，增加14.09萬元。其關係為：

110.96% = 105.42% × 100.08% × 105.20%

28.31（萬元） = 14 + 0.22 + 14.09

計算表明，該企業銷售利潤總額的增加，主要是銷售量增加和利潤率的提高。

三、總平均數變動的因素分析

在分組條件下，總平均數的變動受兩個因素的影響：一個是各組平均數變動的影響，另一個是各組單位數在總體單位數中所占比重變動的影響。例如，某單位職工平均工資的變動，既受各類職工工資水平（組平均工資）變動的影響，也受各類職工人數占職工總數比重變化的影響；某公司勞動生產率的變動，既受下屬各單位勞動生產率變動的影響，也受各單位職工構成的影響。因此可以利用前述指數體系分析的原理，對總平均數的變動進行因素分析。即測定總平均數的變動中，組平均數的變動及其對總平均數的影響、各組結構的變動及其對總平均數的影響。

具體方法為：將組平均數視為質量指標，將各組單位數所占比重視為數量指標，得到分析總平均數變動的指數體系為：

總平均數指數 = 組平均數指數 × 結構影響指數

用符號表示是：

$$\frac{\dfrac{\sum x_1 f_1}{\sum f_1}}{\dfrac{\sum x_0 f_0}{\sum f_0}} = \frac{\dfrac{\sum x_1 f_1}{\sum f_1}}{\dfrac{\sum x_0 f_1}{\sum f_1}} \times \frac{\dfrac{\sum x_0 f_1}{\sum f_1}}{\dfrac{\sum x_0 f_0}{\sum f_0}} \qquad (7.18)$$

$$\frac{\sum x_1 f_1}{\sum f_1} - \frac{\sum x_0 f_0}{\sum f_0} = \left(\frac{\sum x_1 f_1}{\sum f_1} - \frac{\sum x_0 f_1}{\sum f_1}\right) + \left(\frac{\sum x_0 f_1}{\sum f_1} - \frac{\sum x_0 f_0}{\sum f_0}\right) \quad (7.19)$$

【例 7-8】某公司下屬三個企業的職工人數和勞動生產率如表 7-8 第（1）欄至第（4）欄所示，試對該公司總平均勞動生產率的變動及其原因進行分析。

表 7-8　　　　某公司下屬三個企業的職工人數和勞動生產率資料

	職工人數（人）		勞動生產率（萬元/人）		產值（萬元）		
	基期 f_0	報告期 f_1	基期 x_0	報告期 x_1	$x_0 f_0$	$x_1 f_1$	$x_0 f_1$
（甲）	(1)	(2)	(3)	(4)	(5)	(6)	(7)
甲企業	200	240	44	45	8,800	10,800	10,560
乙企業	160	180	62	64	9,920	11,520	11,160
丙企業	150	120	90	92	13,500	11,040	10,800
合計	510	540	63.176,5	61.777,8	32,220	33,360	32,520

　　　　　　　　　→ 資料欄 ←　　　　　　　　　　　　→ 計算欄 ←

為了計算各企業的勞動生產率和公司的勞動生產率（總平均勞動生產率），需要計算各企業和公司的產值，見表 7-8 第（5）欄至第（7）欄。計算和分析如下：

$$\frac{\dfrac{\sum x_1 f_1}{\sum f_1}}{\dfrac{\sum x_0 f_0}{\sum f_0}} = \frac{\dfrac{33,360}{540}}{\dfrac{32,220}{510}} = \frac{61.777,8}{63.176,5} = 97.79\%$$

$$\frac{\sum x_1 f_1}{\sum f_1} - \frac{\sum x_0 f_0}{\sum f_0} = 61.777,8 - 63.176,5 = -1.398,7（萬元）$$

$$\frac{\dfrac{\sum x_1 f_1}{\sum f_1}}{\dfrac{\sum x_0 f_1}{\sum f_1}} = \frac{61.777,8}{\dfrac{32,520}{540}} = \frac{61.777,8}{60.222,2} = 102.58\%$$

$$\frac{\sum x_1 f_1}{\sum f_1} - \frac{\sum x_0 f_1}{\sum f_1} = 61.777,8 - 60.222,2 = 1.555,6（萬元）$$

$$\frac{\dfrac{\sum x_0 f_1}{\sum f_1}}{\dfrac{\sum x_0 f_0}{\sum f_0}} = \frac{60.222,2}{63.176,5} = 95.32\%$$

$$\frac{\sum x_0 f_1}{\sum f_1} - \frac{\sum x_0 f_0}{\sum f_0} = 60.222,2 - 63.176,5 = -2.954,2（萬元）$$

計算結果表明：該公司報告期職工總平均勞動生產率比基期下降 2.21%，平均每個職工人均少創造 1.398,7 萬元利潤。這是因為：各企業勞動生產率提高使該公司的勞動生產率提高了 2.58%，人均多創造 1.555,6 萬元利潤；各企業職工人數的結構發生變化，使該公司的勞動生產率下降 4.68%，人均少創造 2.954,2 萬元利潤。其關係為：

97.79% = 102.58% × 95.32%

－1.398,7（萬元）＝ 1.555,6 － 2.954,2

這兩個影響因素中，組平均數指數真實反應了各企業實際平均勞動生產率的變動程度。

第四節　幾種常用的價格指數

除了居民消費價格指數（CPI）外，中國實際生活中常用的價格指數還有以下幾種。

(1) 商品零售價格指數。它是反應一定時期內城鄉商品零售價格變動趨勢和程度的相對數，包括食品，飲料、菸酒類商品、服裝、鞋帽類商品，紡織品類商品，家用電器及音像器材類商品，文化辦公用品類商品，日用品類商品，體育娛樂用品類商品，交通、通信用品類商品，家具類商品，化妝品類商品，金銀珠寶類商，中西藥品及醫療保健用品，書報雜誌及電子出版物類商品，燃料類商品，建築材料及五金電料類商品 16 個大類商品價格的變化。

商品零售價格的變動與國家的財政收入、市場供需的平衡、消費與累積的比例關係有關。因此，該指數可以從一個側面對上述經濟活動進行觀察和分析。

(2) 農業生產資料價格指數。它是反應一定時期內農業生產資料價格變動趨勢和程度的相對數，包括農用手工工具、飼料、畜產品、半機械化農具、機械化農具、化學肥料、農藥及農藥械、農用機油、其他農業生產資料和農業生產服務的價格變化。其編製目的是瞭解農業生產中投入物質資料價格的變動狀況，服務於國民經濟核算。1994 年以前，農業生產資料價格指數僅僅是商品零售價格指數的一個類別，此後，從商品零售價格指數中分離出來，單獨編製。

(3) 農產品生產價格指數。它是反應一定時期內，農產品生產者出售農產品價格水平變動趨勢及幅度的相對數，包括種植業、林業、畜牧業和漁業產品價格的變化。農產品生產價格指數可以客觀反應全國農產品生產價格水平和結構變動情況，滿足農業與國民經濟核算需要。其中某代表品生產價格指數是通過對全部有出售該產品行為的調查單位的個體指數進行幾何平均求得的，類價格指數是通過對其所屬的類（或代表品）的價格指數進行加權平均求得的。季度累計價格指數的計算方法與分季指數的計算方法相同。

(4) 工業生產者出廠價格指數。它是反應一定時期內全部工業產品出廠價格總水平的變動趨勢和程度的相對數，包括工業企業售給本企業以外所有單位的各種產品和

直接售給居民用於生活消費的產品。該指數可以觀察出廠價格變動對工業總產值及增加值的影響。

（5）工業生產者購進價格指數。它是反應一定時期內工業企業為生產投入，而從物資交易市場和能源、原材料生產企業購買原材料、燃料和動力產品時，所支付的價格水平變動趨勢和程度的統計指標，是扣除工業企業物質消耗成本中價格變動影響的重要依據。目前，中國編製的工業生產者購進價格指數所調查的產品包括燃料動力、黑色金屬、有色金屬、化工、建材等九大類。

（6）固定資產投資價格指數。它是反應一定時期內固定資產投資品及取費項目的價格變動趨勢和程度的相對數。固定資產投資額是由建築安裝工程投資完成額、設備工器具購置投資完成額和其他費用投資完成額三部分組成的。編製固定資產投資價格指數時，應首先分別編製上述三部分投資的價格指數，然後採用加權算術平均法求出固定資產投資價格總指數。該指數可以準確地反應固定資產投資中涉及的各類投資品和取費項目價格變動趨勢和變動幅度，消除按現價計算的固定資產投資指標中的價格變動因素，真實地反應固定資產投資的規模、速度、結構和效益，為國家科學地制定、檢查固定資產投資計劃並提高宏觀調控水平，為完善國民經濟核算體系提供科學的、可靠的依據。

（7）進出口商品價格指數。它是反應一定時期內通過海關的進口貨物和出口貨物價格變動趨勢和程度的相對數。進口價格指數按到岸價格計算，出口價格指數按離岸價格計算。

此外，常用的價格指數還有70個大中城市住宅銷售價格指數、股票價格指數等。

本章小結

（1）廣義指數是指說明現象數量變動或差異程度的相對數。狹義指數是指綜合反應複雜現象總體數量變動或差異程度的特殊相對數。狹義指數具有綜合性和平均性的特點。

（2）個體指數是反應單個事物變動的相對數；總指數是反應複雜現象總體綜合變動的相對數。指數化指標（指數要反應其變化的那個指標）是數量指標的指數稱為數量指標指數；指數化指標是質量指標的指數稱為質量指標指數。

（3）總指數的基本計算方法有綜合法和平均法。綜合法指數是通過兩個時期的綜合總量對比計算的總指數；平均法指數是通過對個體指數加權平均而求得的總指數。平均法指數在一定的條件下是綜合法指數的變形。

（4）使不同度量、不能加總的現象轉化為同度量、可以加總的現象的媒介因素稱為同度量因素。同度量因素又稱為權數。

（5）一般計算數量指標指數時，以相應的質量指標為同度量因素，並將其固定在基期；計算質量指標指數時，以相應的數量指標為同度量因素，並將其固定在報告期。

（6）指數體系是若干個有聯繫的指數形成的整體。利用指數體系，可進行指數之間的推算，也可以進行總量因素分析和總平均數因素分析。

思考題與練習題

7-1　簡述綜合法指數與平均法指數的聯繫與區別。

7-2　怎樣理解狹義指數具有綜合性和平均性的特點？

7-3　什麼是同度量因素？同度量因素為什麼又稱為權數？

7-4　居民消費者價格指數是如何計算的？

7-5　試舉出居民消費價格指數的三個主要作用。

7-6　某地區基年和報告年社會商品零售總額分別為580億元和725億元，報告年比基年商品零售數量平均上升了15%，請問與基年相比該地區：

(1) 因報告年零售量變化，社會商品零售總額增加了多少億元？

(2) 報告年零售價格變動對消費者的支出有何影響？

7-7　某廠有技術工和輔助工兩類，技術工的平均工資高於輔助工。假定今年與去年相比，全廠職工總數及兩類工人的平均工資水平沒有變化。試問全廠工人今年的總平均工資可能會發生什麼變化？請說明其原因。

7-8　某企業生產三種產品，其產量和成本資料如下：

產品名稱	計量單位	產量 基期	產量 報告期	單位成本（元） 基期	單位成本（元） 報告期
甲	件	100	115	15	14
乙	噸	200	200	40	46
丙	套	380	350	50	44

試對該企業總成本變動進行因素分析。

7-9　已知三種商品的銷售額及價格指數資料如下：

商品種類	計量單位	基期銷售額（萬元）	報告期銷售額（萬元）	價格漲跌（%）
甲	套	40	45	2.0
乙	件	30	28	-5.0
丙	臺	200	220	0
合　計	—	270	293	—

試根據上表資料從相對數和絕對數兩方面分析計算三種商品銷售總額的變動及其原因，說明引起銷售總額變動的主要原因是什麼？

7-10　某外貿企業出口某種商品，有關資料如下：

商品等級	平均價格（萬元/噸）		出口數量（萬噸）	
	基期	報告期	基期	報告期
甲	3.20	3.86	200	610
乙	2.75	3.01	480	120
合計	2.882	3.72	680	730

試用指數分析法分析該商品總平均價格的變動及其各因素的影響。

第八章　綜合評價

　　實際工作或生活中，人們常常需要從不同側面對客觀事物的整體情況作出評價。比如，當我們對國家綜合實力、發展戰略目標實現程度、經濟效益、生活質量等進行評價時，需要有多個指標。但是我們經常會遇到這樣的問題：當進行不同空間對比時，可能甲空間的某些指標反應的現象比乙空間好，而另一些指標反應的現象不如乙空間好；同一空間在進行不同時間對比時，可能分析期（報告期）的某些指標反應的現象比對比期（基期）好，而另一些指標反應的現象不如對比期好，這就需要我們進行綜合評價——把多個指標數據綜合起來形成一個指標數值，從而對現象總體狀況作出正確的判斷和分析。

第一節　綜合評價概述

一、綜合評價的意義

　　綜合評價是多指標綜合評價的簡稱，是指在建立評價指標體系的基礎上，利用一定的方法，對各個指標作預處理，構建綜合評價模型，求得綜合評價值，據以對現象總體進行比較和排序的一種統計分析方法。

　　任何社會經濟現象總是受多個因素的影響，要正確認識這個現象的狀況，就要從不同的側面和角度對其數量進行反應和分析，這就會形成多個指標構成的指標體系。各個指標總表現為一定的數值，這為評價總體提供了客觀基礎。但是各個指標在不同時間或不同空間的數值大小各不相同，可能會出現相互矛盾、異向變化等複雜情況。為達到對總體的全面認識，就必須建立能據以反應總體各個方面的多指標組成的體系，並借助數學方法將其綜合。只有借助這樣的綜合評價指標，才能達到認識現象總體的目的。

　　多指標綜合評價的基本作用在於彌補統計指標體系在區分優劣上的不足，便於被評價對象在不同時間與空間的整體性比較和排序。社會經濟現象總體受眾多因素的影響，會有各種各樣的數量表現。評價現象的優劣，一定要依賴能反應現象全貌狀況的綜合評價指標，否則，我們就有可能犯以偏概全、不能正確區分優劣的錯誤。

　　綜合評價的應用領域和範圍日益廣泛，既用於宏觀層面的評價，如國家之間綜合實力、競爭能力的評價比較，也用於微觀層面的評價，如企業的經濟效益、管理水平的評價以及文體比賽打分、學生保研排序等個人素質、表現的評價；既用於總體的全

面評價，如國家、地區等社會發展水平的評價，也用於某一專題的評價，如可持續發展水平、環境質量等的評價。可以說，任何活動都有綜合評價的用武之地。

二、綜合評價的一般步驟

對不同空間的社會經濟現象進行整體性比較和排序，是政府、部門、行業等的決策者和管理者非常重視的問題，因此，在經濟活動實踐中，應不斷地提出新的綜合評價方法。各種方法各有特點，但是基本步驟大致相同，不外乎是選擇指標體系和確定評價方法，包括指標的無量綱化和賦予權數。具體說來，綜合評價的一般步驟是：

1. 確定綜合評價的目的

任何經濟活動分析都是針對一定的目的進行的，綜合評價也不例外。只有目的明確，才能圍繞這一目的進行影響因素分析，從而確定選擇什麼指標，採用什麼方法。

2. 選擇指標體系

社會經濟現象總體受著眾多因素的影響，單個評價指標只能反應現象總體的某一方面或某一側面的狀況。為達到對總體的全面認識，就必須根據綜合評價的目的，建立一個能夠從不同角度、不同側面反應被評價對象的指標體系。

3. 確定評價指標的同向化和同度量化方法

如上所述，指標體系是從不同的側面說明總體的數量特徵，因此，有的指標可能從正面說明總體，即正向指標或正指標，其數值越大越好，如社會勞動生產率、增加值率、資金產出率等；有的指標可能從反面說明總體，即逆向指標或逆指標，其數值越小越好，如社會生產消耗率、資金週轉天數、流通費用率等。這些指標在綜合評價中的作用是相反的，必須將他們同向化。不同指標反應不同的經濟內容，有不同的計量單位，因此為了把這些指標綜合成一個評價值，必須將他們同度量化。

4. 確定各個評價指標的權重

所謂確定權重，就是根據各個指標在綜合評價中的重要程度，賦予其一定的權數。某個指標越重要，其權數就應該越大，以體現主次有別。權數往往用相對數表示，一般權數之和為 1 或 100%。如果指標體系分為不同層次，可以分別對不同層次進行綜合評價，在此基礎上再對總體進行綜合評價。在這種情況下，每一層次的指標權數之和應該為 1 或 100%。同一組指標數值，會由於指標權數不同而得到不同的、甚至截然相反的結論。因此，權數的確定是一個十分棘手而又值得進一步研究的問題。

5. 求綜合評價值

有了同度量化或無量綱化的指標和權重，還要確定指標合成的模型，以便把所有指標數值綜合成一個數值，從而進行比較排序。常用的多指標合成的模型有加權算術平均法和加權幾何平均法兩種：

$$\text{加權算術平均法：綜合評價值} = \sum_{i=1}^{m} k_i w_i \tag{8.1}$$

$$\text{加權幾何平均法：綜合評價值} = \sqrt[\sum w]{\prod_{i=1}^{m} k_i^{w_i}} \tag{8.2}$$

上式中，k_i 為無量綱化的指標數值，w_i 為權數，m 表示評價指標個數。

加權幾何平均法的特點是比較注重較低的單項評價值的作用，同樣一組單項評價值，用幾何平均法計算的綜合評價值較算術平均法計算的結果要小。但是，若有為零或為負數的數據則無法進行綜合評價。

　　加權算術平均法的模型形式簡單，計算方便，當個別值為零時，也可以進行綜合。其不足之處在於對指標變動的反應不如幾何平均法靈敏。

　　對不同時間或不同空間的綜合評價值可以直接排序比較，進一步進行分析說明，找出問題所在和薄弱環節，提出意見和建議，為決策提供依據。

三、綜合評價方法的局限性

　　雖然綜合評價對從總體上評價優劣、排序有很大的作用，但是它也有局限性。這就是：①將若干個指標數值綜合成一個數值，損失了原有指標帶來的大量信息，使結果變得很抽象，難以據以解釋其經濟意義。②主觀性很強。一方面，選擇什麼指標、選擇多少指標無一不體現研究者對社會經濟狀況的主觀認識；另一方面，權數的分配也很主觀，對於哪個指標更重要，不同的人站在不同的角度，有不同的認識，沒有普遍認同的標準。此外，採用不同的評價方法，可能得出不同的結果。因此，我們只能根據研究目的和資料的可得性，盡可能地選擇科學方法，盡可能地客觀公正，盡可能地描述現象總體的概況。

第二節　評價指標的選擇與數據處理

一、評價指標的選擇原則

　　（1）科學性原則。評價指標的選擇必須服從研究目的，反應評價對象本身的性質、特點、關係和運動過程。這是確定指標體系的基本出發點，為此必須以科學的理論為依據，並結合具體的實際情況來確定。研究目的不同，選擇指標的側重點也不同。例如，中國學者在進行社會經濟發展綜合評價時，提出了環境、人口、經濟、居民生活、勞動、社會保障、衛生保健、科技教育、文化體育、社會治安十個領域的幾十個指標。

　　（2）系統性原則。社會經濟是一個由多方面構成的系統。系統具有整體性、聯繫性等特點，因此必須在用整體觀點、聯繫的觀點分析評價對象的基礎上，對指標體系進行一體化設計。設置指標體系不應該羅列與堆砌，而應採用能提供各個部分相互作用的指標。如中國有關部門曾經提出選擇反應生產方面、流通方面、使用方面、科技進步方面等的經濟效益指標，評價各個地區的宏觀經濟效益。

　　（3）低相關性原則。指標之間應盡可能避免高度相關性，因為指標之間相關性高，意味著評價信息相互重疊，實際上加大了一些類指標的權重。評價指標體系應由相互聯繫的多方面的指標構成，指標之間所涵蓋的信息應盡可能不重複或少重複，避免誇大某一方面指標的影響作用，以確保指標體系整體所含的信息量盡可能大。

　　（4）可操作性原則。評價統計指標體系的設置，在力求科學、系統、完整的同

時，還要充分考慮到主客觀條件的限制，力求將需要與可能結合，突出可操作性。統計指標的選擇必須與實際可能條件相適應。這些可能條件，包括實際管理水平和所需要的財力、物力等。如果脫離整個管理水平，機械地要求統計指標完善、片面貪多求全，勢必無法實際進行綜合評價。為確保綜合評價的順利開展，所選擇的統計指標體系中的每一個指標，都必須要有可靠的資料來源；對於沒有穩定資料來源的指標，即使重要也不宜採用。在貫徹需要與可能相結合的原則中，對少數雖必要但難以收集數字的指標，可用與之密切聯繫並能反應其狀況或趨勢的指標代替。總之，統計指標的選擇，要與管理水平和統計核算的基礎相適應，做到有的放矢，使選擇的每一個統計指標都具有操作性與可行性。

二、評價指標的同向化和同度量化方法

在綜合評價時，必須使所有的指標都從同一角度說明總體，必須使所有的指標可以相加，這使我們面臨如何使指標同向化，如何消除指標之間不同計量單位對指標數值大小的影響和如何解決指標不能加總的問題。為此，必須進行指標的同度量化或無量綱化處理。

1. 評價指標的同向化方法

所謂指標同向化是指在綜合評價中，把逆向指標正向化或把正向指標逆向化。一般實際評價時，以逆向指標正向化為多。

①倒數法。對於比率指標，正向指標 X_p 和逆向指標 X_q 互為倒數。因此對於這類指標可以直接對逆指標求倒數，使其成為正向指標，即以 $\frac{1}{X_q}$ 表示。

②最大定額法。在有最大定額標準或最優標準 X_h（如單位產品原材料消耗量）的條件下，最大定額標準與實際值對比，數值越大越好。因此對於這類指標可以用如下公式使逆向指標成為正向指標：

$$X_p = \frac{X_h}{X_q} \tag{8.3}$$

③對應指標轉換法。對於此消彼長的指標，可以用正向指標代替對應的逆向指標。如中間投入率與增加值率此消彼長，二者相加等於1，因此，當指標體系中有中間投入率逆向指標時，可以用增加值率替換。

2. 評價指標的無量綱化方法

指標的無量綱化就是把不同計量單位和不同比值的指標數值，改造成可以直接加總的無量綱數值。指標的無量綱化方法有：

（1）打分法。類似某些體育競賽，由裁判員給參賽者打分。一般做法是給定指標數值的標準及範圍，為每一個實際指標值打一個分數，將這個分數作為無量綱數值。

（2）比率法。其計算公式為：$y_i = \frac{x_i}{X_i}$。其中 y_i 是第 i 個評價指標 x_i 的無量綱數值，x_i 是第 i 個評價指標的實際值，X_i 是 i 個評價指標的某個標準值，比如平均值、目標值等。

(3) 標準化法。即把評價指標進行標準化處理。其計算公式為：

$$y_i = \frac{x_i - \bar{x}_i}{\sigma_i} \tag{8.4}$$

其中 $\bar{x}_i$ 是第 i 個指標的平均值，σ_i 是第 i 個指標的標準差。

三、指標賦權方法

各評價指標對評價對象的影響作用不盡相同，為了綜合評價結果能夠準確反應被評價對象的真實情況，需解決如何確定各評價指標的權重系數問題。指標賦權方法主要分為兩大類：主觀賦權法與客觀賦權法。

(一) 主觀賦權法

主觀賦權法是指根據專業知識、實踐經驗，通過主觀分析研究，確定各個評價指標的權重系數的方法。下邊是一些比較常用的主觀賦權法：

1. 德爾菲法

德爾菲法是在20世紀40年代美國蘭德公司首次採用的一種方法，是一種建立在科學基礎上的對未來進行的科學估算，特別適合高度複雜、理論不完善、數據不確定現象的調查，現在被廣泛地應用於預測、調查、評價等方面。

利用德爾菲法進行指標賦權的步驟是：用表格的形式提出徵詢問題，比如「對所選的評價指標的權數賦值」；邀請專家，一般不超過10人，向有關專家發出調查表，請專家背靠背地對各個指標的權數發表意見；然後把有關專家的意見進行綜合整理，集中多數專家的意見，再背靠背地反饋給每一個專家，再讓專家發表意見；如此背靠背地集中—反饋—集中，最後形成一個統一的意見。這個方法簡單實用，便於操作，是目前綜合評價中，確定各個指標權重最主要和最常用的方法之一。

利用德爾菲法有以下特點：①調查匿名性，即採用匿名發表意見的方式，專家彼此互不相知，他們之間不發生橫向聯繫，只能與調查人員發生關係，目的是避免權威人士的意見影響他人的意見。②多輪反饋性，即將前輪各位專家的意見進行統計歸納後，反饋給專家，每個專家根據這個統計歸納的結果，慎重地考慮其他專家的意見，提出自己的意見。然後，把收回的第二輪徵詢的意見，再進行統計歸納，再反饋給專家，如此多次反覆。③意見收斂性，即通過數輪迴收調查表和反饋調查表，專家的意見會相對集中，常常可以在很大程度上得到指標權重的比較一致的意見。

2. 指標兩兩比較法

此方法是指請專家對所選的評價指標的重要性進行排序並給出逐對指標比較後重要性的比值，然後作歸一化的處理，得到歸一化指標權重數。比如請專家對 A、B、C、D、E 五個指標排序並給出逐對指標比較後重要性的比值，專家對五個指標的排序和重要性比值如下：

$$\boxed{\text{指標 } B} > \boxed{\text{指標 } A} > \boxed{\text{指標 } D} > \boxed{\text{指標 } E} > \boxed{\text{指標 } C}$$

$$\frac{\text{指標 } B}{\text{指標 } A} = 2.5 \qquad \frac{\text{指標 } A}{\text{指標 } D} = 1.2 \qquad \frac{\text{指標 } D}{\text{指標 } E} = 1.0$$

$$\frac{指標 E}{指標 C} = 1.8 \qquad \frac{指標 C}{指標 C} = 1.0$$

在專家意見的基礎上作歸一化的數學處理，這個過程的計算如下表：

表 8-1　　　　　　　　　　兩兩比較法權重數計算表

相比較的指標	專家判斷相對重要性比值	未歸一化的權重數 f_i	歸一化的權重數 $w_i = \dfrac{f_i}{\sum_{i=1}^{n} f_i}$
$B:A$	2.5	$1.0 \times 1.8 \times 1.0 \times 1.2 \times 2.5 = 5.4$	0.444,1
$A:D$	1.2	$1.0 \times 1.8 \times 1.0 \times 1.2 = 2.16$	0.177,6
$D:E$	1.0	$1.0 \times 1.8 \times 1.0 = 1.8$	0.148,0
$E:C$	1.8	$1.0 \times 1.8 = 1.8$	0.148,0
$C:C$	1.0	1.0	0.082,3
合計	—	12.16	1.0

根據計算，指標 B、A、D、E、C 的權重數分別為 0.444,1、0.177,6、0.148,0、0.148,0 和 0.082,3。

3. 層次分析法

層次分析法（Analytic Hierarchy Process，AHP）是一種對決策行為、決策方案、決策對象進行評價、選擇、排隊的多目標決策評價方法。在指標權重確定中，層次分析法可以建立有序的遞階指標系統，對判斷矩陣進行一致性檢驗，獲得各個指標的權重數。其基本步驟如下：

第一，構建判斷矩陣。判斷矩陣指由各個指標的相對重要性判斷值為元素的矩陣。指標的重要性具有相對性，層次分析法用九分位比率標度構成的判斷矩陣表來刻畫兩個指標的相對重要性，通過專家意見在任意兩個指標之間形成一個判斷值。判斷矩陣表形式如表 8-2 所示。

表 8-2　　　　　　　　　　判斷矩陣 B

指標	x_1	x_2	x_3	⋯	x_n
x_1	b_{11}	b_{12}	b_{13}	⋯	b_{1n}
x_2	b_{21}	b_{22}	b_{23}	⋯	b_{2n}
x_3	b_{31}	b_{32}	b_{33}	⋯	b_{3n}
⋮	⋮	⋮	⋮	⋮	⋮
x_n	b_{n1}	b_{n2}	b_{n3}	⋯	b_{nn}

判斷矩陣 B 中的元素表示橫行的指標 x_i 與縱列的指標 x_j 相對重要程度的比值，b_{ij} 用常數 1、2、3、4、5、6、7、8、9 或這些常數的倒數表示。其意義為：

1 表示 x_i 與 x_j 一樣重要；

3 表示 x_i 比 x_j 稍微重要，或 $\frac{1}{3}$ 表示 x_i 比 x_j 稍微不重要；

5 表示 x_i 比 x_j 明顯重要，或 $\frac{1}{5}$ 表示 x_i 比 x_j 明顯不重要；

7 表示 x_i 比 x_j 強烈重要，或 $\frac{1}{7}$ 表示 x_i 比 x_j 強烈不重要；

9 表示 x_i 比 x_j 極端重要，或 $\frac{1}{9}$ 表示 x_i 比 x_j 極端不重要；

2、4、6、8 及其倒數則表示處於上述兩相臨判斷之間的判斷。

b_{ij} 有如下的特點：

$b_{ij} > 0$，　　$b_{ji} = \frac{1}{b_{ij}}$（$i, j = 1、2、3、\cdots n$），　　$b_{ij} = 1$（$i = j$）

因此，判斷矩陣 B 是一個正互反矩陣，每次只需作 $\frac{n(n-1)}{2}$ 次判斷。

例如，在進行經濟效益綜合評價中，選擇了效益指標 x_1、x_2、x_3、x_4、x_5，專家作的判斷矩陣如表 8-3 所示。

表 8-3　　　　　　　　　　判斷矩陣 B

指標	x_1	x_2	x_3	x_4	x_5
x_1	1	$\frac{1}{9}$	7	5	3
x_2	9	1	$\frac{1}{3}$	4	2
x_3	$\frac{1}{7}$	3	1	$\frac{1}{8}$	$\frac{1}{2}$
x_4	$\frac{1}{5}$	$\frac{1}{4}$	8	1	5
x_5	$\frac{1}{3}$	$\frac{1}{2}$	2	$\frac{1}{5}$	1

第二，計算各指標的權重數。

計算各指標的權重數採用對判斷矩陣 B 中各行元素的幾何平均數進行歸一化的方法。各行元素的幾何平均數為：$\bar{h}_i = \sqrt[n]{\prod_{j=1}^{n} b_{ij}}$（$i = 1、2、3、\cdots n$），根據表 8-3 有：

$\bar{h}_1 = \sqrt[5]{1 \times \frac{1}{9} \times 7 \times 5 \times 3} = 3.415,7$　　$\bar{h}_2 = \sqrt[5]{9 \times 1 \times \frac{1}{3} \times 4 \times 2} = 4.899,0$

$\bar{h}_3 = \sqrt[5]{\frac{1}{7} \times 3 \times 1 \times \frac{1}{8} \times \frac{1}{2}} = 0.163,7$　　$\bar{h}_4 = \sqrt[5]{\frac{1}{5} \times \frac{1}{4} \times 8 \times 1 \times 5} = 1.414,2$

$\bar{h}_5 = \sqrt[5]{\frac{1}{3} \times \frac{1}{2} \times 2 \times \frac{1}{5} \times 1} = 0.258,2$

將 $\bar{h}_i$ 作歸一化處理，得各指標的權重數 w_i：

$\sum \bar{h}_i = 3.415,7 + 4.899,0 + 0.163,7 + 1.414,2 + 0.2,582 = 10.150,8$

$w_i = \dfrac{\bar{h}_i}{\sum_{i=1}^{n} \bar{h}_i}$

計算結果5個指標的權數分別為：

$w_1 = \dfrac{3.415,7}{10.150,8} = 0.336,5, w_2 = 0.482,6, w_3 = 0.016,1, w_4 = 0.139,3, w_5 = 0.025,5$

在用層次分析法確定權數時，可能會出現指標 A 好於指標 B，指標 B 好於指標 C，而指標 C 又好於指標 A 這樣不一致的情況。因此，有必要對 AHP 判斷矩陣 B 作一致性檢驗。檢驗的步驟如下：

①求判斷矩陣 B 的最大特徵根 λ_{max}。

$\lambda_{max} = \dfrac{1}{n} \sum_{i=1}^{n} \dfrac{(BW^T)_i}{w_i}$

$BW^T = \begin{bmatrix} 1 & \frac{1}{9} & 7 & 5 & 3 \\ 9 & 1 & \frac{1}{3} & 4 & 2 \\ \frac{1}{7} & 3 & 1 & \frac{1}{8} & \frac{1}{2} \\ \frac{1}{5} & \frac{1}{4} & 8 & 1 & 5 \\ \frac{1}{3} & \frac{1}{2} & 2 & \frac{1}{5} & 1 \end{bmatrix} \begin{bmatrix} 0.336,5 \\ 0.482,6 \\ 0.016,1 \\ 0.139,3 \\ 0.025,5 \end{bmatrix} = \begin{bmatrix} 1.275,8 \\ 4.124,7 \\ 1.542,1 \\ 0.583,6 \\ 0.173,3 \end{bmatrix}$

$\lambda_{max} = \dfrac{1}{5} \sum_{i=1}^{n} \dfrac{(BW^T)_i}{w_i} = \dfrac{1}{5} \left(\dfrac{1.275,8}{0.336,5} + \dfrac{4.124,7}{0.482,6} + \dfrac{1.542,1}{0.016,1} + \dfrac{0.583,6}{0.139,3} + \dfrac{0.173,3}{0.025,5} \right)$

$= 23.821,3$

②建立一致性評價指標。在層次分析法中，判斷矩陣 B 的最大特徵根 λ_{max} 與 n 之差與 n-1 的比值 CI 是度量判斷矩陣偏離一致性的指標。

$CI = \dfrac{\lambda_{max} - n}{n - 1} = \dfrac{23.821,3 - 5}{5 - 1} = 4.705,3$

③求一致性比率 CR。一致性檢驗指標 CI 的值與矩陣的階數有關，需要將其與不同階數的矩陣均適用的一致性檢驗臨界值（又稱為同階平均隨機性一致性指標）RI 進行比較。一致性檢驗臨界值如表 8-4 所示。一般認為 CR < 0.1，判斷矩陣有滿意的一致性，否則就不具有一致性。

表 8-4　　　　　　　　　　　一致性檢驗臨界值表

n	2	3	4	5	6	7	8	9	10	...
RI	0	0.52	0.90	1.12	1.24	1.32	1.41	145	1.49	

$$CR = \frac{CI}{RI} = \frac{4.705,3}{1.12} = 4.201,2$$

(二) 客觀賦權法

客觀賦權法是指直接對各個指標的原始信息進行一定的數學處理後獲得權系數的一類方法。其基本思想是，評價指標的權數應根據各指標提供的信息或各指標之間的關係確定。客觀賦權法有離差權法、相關係數法、熵值法等，這裡介紹比較常用的離差權法。

離差權法是根據各個指標的變異程度來確定評價指標的權數的方法，其基本思想是差異程度越大的指標越重要。常用的反應指標變異程度的統計量有標準差和變異系數，因而可以根據實際情況選擇其中之一，再作歸一化處理，便可以得到各指標的權系數。其步驟為：

設有 n 個被評價對象，由 p 個指標 X_1, X_2, …, X_p 描述。首先計算各指標的標準差 σ_j 和變異系數 v_j，並作歸一化處理，便可以得到各評價指標的權重系數 w_j。

$$v_j = \frac{\sigma_j}{X_j}, w_j = \frac{v_j}{\sum_{i=1}^{p} v_i}, (j = 1, 2, \cdots, p) \tag{8.5}$$

也可以利用各指標的標準差計算權重 w_j：

$$w_j = \frac{\sigma_j}{\sum_{i=1}^{p} \sigma_i} \tag{8.6}$$

第三節　綜合評價方法

要將反應客觀現象總體不同內容、具有不同表現形式和不同計量單位的眾多指標進行綜合，得到一個反應總體狀況的綜合評價指標，只能在不同指標同度量的基礎上才有可能實現。因此，凡能進行同度量的方法，都可以作為綜合評價的方法。這裡介紹幾種實踐中運用較多的方法。

一、計分法

(一) 綜合計分法

綜合計分法又稱為百分計分法，是實際工作中運用較多的一種綜合評價方法。它的基本方法如下：

按各個評價指標的經濟重要性確定標準得分，且各個指標得分總和為 100 分；確

定各指標的對比標準，對比標準可以是計劃水平、上年同期水平、國內或國際同行業先進水平、現象總體的平均水平等，據以評判評價指標的變化，並按三檔記分：改善得滿分，持平得一半的分（在1982年國家經委等部門發布的《定期公布主要經濟效果的實施細則》中規定，一般指標增減百分數等於或小於5%為持平），下降得零分；加總各評價指標的實際得分，並按總得分的多少評價優劣，即得分多者為優，得分少者為劣。

綜合計分法的優點是簡便易行，故得到廣泛應用；但其不足也是明顯的。主要缺點是：三檔計分過於粗糙，所得總分只能大體反應整體綜合變動的趨勢，而不能確切表明變動的幅度，更不能表明綜合評價的實際水平。

（二）排隊計分法

這是歐洲貨幣基金組織於1985年對經濟合作組織及巴西、印度、韓國、馬來西亞、墨西哥和沙特等國家的國際競爭能力進行綜合評價時，首先採用的一種方法。它共選用302個反應經濟競爭能力的指標組成評價指標體系。

排隊計分法的具體方法如下：

第一，將評價單位的各項評價指標依優劣秩序排隊。

第二，按如下公式計算各名次單位的具體得分：

$$f(x_i, k) = 100 - \frac{k-1}{n-1} \times 100 = \frac{n-k}{n-1} \times 100 \tag{8.7}$$

式中：$f(x_i, k)$ 為第 i 個指標得分（決定於名次 k）；

k 為指標的排隊名次 $k = 1, 2 \cdots, n$；

n 為參加評比的單位數。

第三，採用加權算術平均法計算公式，將各參評單位的單項指標得分綜合為總分：

$$DF = \frac{\sum f(x_i, k) w}{\sum w} \tag{8.8}$$

式中：DF 為各單位綜合評價總得分數；w 為取決於評價指標的重要程度的權數。

【例8-1】，中國30個省、市、自治區（西藏無數據）「三資」工業企業主要經濟效益指標如表8-5。若總資產貢獻率、流動資產週轉次數、工業成本費用利潤率分別賦予40%、30%、30%的權數，試用排隊計分法進行綜合評價。

解：北京市「三資」工業企業總資產貢獻率、流動資產週轉次數、工業成本費用利潤率分別排在第4、13和12位，則北京市這3項指標的單項得分分別為：

$$f(x_1, 4) = 100 - \frac{4-1}{30-1} \times 100 = 100 - 10.34 = 89.66$$

$$f(x_2, 13) = 100 - \frac{13-1}{30-1} \times 100 = 100 - 41.40 = 58.62$$

$$f(x_3, 12) = 100 - \frac{12-1}{30-1} \times 100 = 100 - 37.93 = 62.07$$

$$DF = 89.66 \times 0.4 + 58.62 \times 0.3 + 62.07 \times 0.3 = 72.07$$

同時，其他省、市、自治區指標的單項得分及所有省、市、自治區總得分及排序如表 8－5 第(3)(6)(9)欄及第(10)和(12)欄所示。

總分數的多少綜合說明各單位整體狀況的優劣，並可據以確定各單位在總體中所處的具體位置。

排隊計分法具有簡便易行、無須再去另尋比較標準、省時省工等優點，易於在統計實踐中推廣使用。但是，從表 8－5 第(10)欄可以看出，總得分有的很低，最低的三個地區只有 1.04 分、3.45 分、6.90 分，即 100 分只得了 1.04 分、3.45 分、6.90 分。有的人對此難於理解和接受，因此有人提出以下改進公式：

$$f(x_i, k) = 60 + \frac{n-k}{n-1} \times 40 \tag{8.9}$$

按照這個公式，北京市 3 指標的得分和總得分分別為：

$$f(x_1, 4) = 60 + \frac{30-4}{30-1} \times 40 = 60 + = 95.86$$

$$f(x_2, 13) = 60 + \frac{30-13}{30-1} \times 40 = 60 + = 83.45$$

$$f(x_3, 12) = 60 + \frac{30-12}{30-1} \times 40 = 60 + = 84.83$$

$$DF = 95.86 \times 0.4 + 83.45 \times 0.3 + 84.83 \times 0.3 = 89.23$$

而寧夏的 3 指標的得分和總得分分別為：

$$f(x_1, 30) = 60 + \frac{30-30}{30-1} \times 40 = 60$$

$$f(x_2, 30) = 60 + \frac{30-30}{30-1} \times 40 = 60$$

$$f(x_3, 29) = 60 + \frac{30-29}{30-1} \times 40 = 61.38$$

$$DF = 60 \times 0.4 + 60 \times 0.3 + 61.38 \times 0.3 = 60.41$$

根據改進方法計算的各省、市、自治區總得分如表 8－5 第(11)欄所示。改進方法計算的總得分不影響排序。

二、加權指數法

這是利用加權算術平均法指數的形式，對單項評價指標指數加權平均，求得總指數，據此對現象判斷排序的綜合評價方法。這裡單項評價指標指數不是以基期水平作比較的標準，而是用總體平均水平或規劃值或其他某個公認值作為比較標準，其計算公式為：

$$\bar{k} = \frac{\sum (\frac{x_i}{X_i}) w_i}{\sum w_i} = \frac{\sum k_i w_i}{\sum w_i} \tag{8.10}$$

式中：$\bar{k}$ 為綜合評價指數值，x_i 為第 i 個指標的實際值，X_i 為第 i 個指標的對比標準

值，w_i 為第 i 個指標的權數，k_i 為第 i 個指標的個體指數。

表 8-5　　某年中國「三資」工業企業主要經濟效益指標及綜合排序表

地區	總資產貢獻率(%)	排序	得分	流動資產週轉次數(次/年)	排序	得分	成本費用利潤率(%)	排序	得分	總分 原方法	總分 改進法	排序
(甲)	(1)	(2)	(3)	(4)	(5)	(6)	(7)	(8)	(9)	(10)	(11)	(12)
北京	15.1	4	89.66	2.11	13	58.62	7.42	12	62.07	72.07	88.83	6
天津	16.55	3	93.1	2.41	5	86.21	8.81	8	75.86	85.86	94.34	2
河北	14.57	5	86.21	2.26	9	72.41	9.47	6	82.76	81.04	92.41	3
山西	11.14	19	37.93	1.88	18	41.38	7.15	13	58.62	45.17	78.07	20
內蒙古	10.52	20	34.48	1.49	23	24.14	9.06	7	79.31	44.83	77.93	21
遼寧	8.57	26	13.79	1.78	19	37.93	5.18	25	17.24	22.07	68.83	26
吉林	20.03	1	100	2.49	3	93.1	7.65	11	65.52	87.59	95.03	1
黑龍江	10.52	21	31.03	1.42	24	20.69	6.32	18	41.38	31.03	72.41	24
上海	12.25	13	58.62	2.13	11	65.52	6.96	17	44.83	56.55	82.62	13
江蘇	10.39	22	27.59	2.49	4	89.66	5.2	24	20.69	44.14	77.66	22
浙江	11.69	16	48.28	2.11	14	55.17	6.21	19	37.93	47.24	78.90	19
安徽	12.58	12	62.07	2.06	17	44.83	7.14	14	55.17	54.83	81.93	15
福建	11.91	14	55.17	2.29	8	75.86	7	15	51.72	60.34	84.14	11
江西	13.8	9	72.41	2.37	7	79.31	5.63	22	27.59	61.03	84.41	10
山東	13.34	10	68.97	2.55	2	96.55	6.98	16	48.28	71.04	88.41	7
河南	8.92	7	17.24	1.55	21	31.03	5.31	23	24.14	23.45	79.31	18
湖北	8.38	27	10.34	2.12	12	62.07	4.13	28	6.9	24.83	69.93	25
湖南	14.04	7	79.31	2.24	10	68.97	9.71	4	89.66	79.31	91.72	5
廣東	11.47	17	44.83	2.4	6	82.76	5.76	21	31.03	52.07	80.83	16
廣西	14.41	6	82.76	2.11	15	51.72	7.96	10	68.97	69.31	87.72	8
海南	13.1	11	65.52	1.35	27	10.34	9.65	5	86.21	55.17	82.07	14
重慶	17.68	2	96.55	2.11	16	48.28	10.53	3	93.1	81.03	92.41	4
四川	9.58	24	20.69	1.54	22	27.59	6	20	34.48	26.90	70.76	25
貴州	7.54	28	6.9	1.2	29	3.45	4.72	27	10.34	6.90	62.76	28
雲南	11.91	15	51.72	1.71	20	34.48	10.71	2	96.55	60.00	84.00	12
陝西	14.03	8	75.86	1.37	25	17.24	13.62	1	100	65.53	86.21	9
甘肅	6.48	29	3.45	1.28	28	6.9	1.6	30	0	3.45	61.38	29
青海	11.17	18	41.38	2.74	1	100	4.9	26	13.79	50.69	80.28	17
寧夏	6.15	30	0	1.16	30	0	3.34	29	3.45	1.04	60.41	30
新疆	9.89	23	24.14	1.37	26	13.79	8.17	9	72.41	35.52	74.21	23

　　加權指數法綜合評價的一般步驟是：分別計算各項評價指標值與對比標準值的指數，實現其單項評價指標的無量綱化；用各評價指標值的個體指數乘以其權數，求得各個評價指標的得分；把各個評價指標的得分合成總指數。

依據正向化指標得到的綜合評價總指數值越大，總體的綜合評價狀況越優。

【例8-2】依據表8-6資料，計算甲、乙、丙三個地區的經濟效益綜合指數。

表8-6　　　　　　　　　　三個地區有關經濟效益指標

指標名稱	計量單位	標準數	權數	報告期指標值		
				甲地區	乙地區	丙地區
		(1)	(2)	(3)	(4)	(5)
①社會總成本增加值率	元/百元	45	30	46	48	45
②社會總成本利稅率	元/百元	20	25	25	26	21
③社會勞動生產率	萬元/人	2.0	25	2.2	2.4	1.8
④商品流通費用率	%	15.0	5	16	18	14
⑤技術進步經濟效益指標	元/百元	50	15	54	60	50

解：評價的5個指標中，商品流通費用率是逆指標，在計算單項指數時，應採用倒數法將其同向化為正指標。

利用公式（8.10）計算甲地區的綜合經濟效益指數為：

$$\bar{k}_{甲} = \frac{46}{45} \times 30 + \frac{25}{20} \times 25 + \frac{2.2}{2} \times 25 + 1 \Big/ \frac{16}{15} \times 5 + \frac{54}{50} \times 15$$

$= 1.022\,2 \times 30 + 1.25 \times 25 + 1.1 \times 25 + 0.937\,5 \times 5 + 1.08 \times 15$

$= 30.67 + 31.25 + 27.50 + 4.69 + 16.20$

$= 110.31$

其餘兩個地區的綜合經濟效益指數計算過程及計算結果見表8-7。

表8-7　　　　　　　　綜合經濟效益指數計算表

	乙地區		丙地區	
	指數（%）	得分	指數（%）	得分
社會總成本增加值率	106.67	32.00	100.00	30.00
社會總成本利稅率	130.00	32.50	105.00	26.25
社會勞動生產率	120.00	30.00	90.00	22.50
商品流通費用率	83.33	4.17	107.14	5.36
技術進步經濟效益指標	120.00	18.00	100.00	15.00
綜合經濟效益指數	——	116.67	——	99.11

計算結果表明，乙地區綜合經濟效益最好，甲地區次之，丙地區最差。分指標看，三個地區各有一個指標的指數小於100%，乙地區的商品流通費用率最低，但是乙地區有3個單項指數大於或等於120%，效益好的指標掩蓋了效益不好的指標。

由此可見，指數法存在一定的缺點，大於100%的指標抵補了小於100%的指標。為了防止這種掩蓋性弊端，可以用修正的指數法——「超額不抵補未完成」原則：凡是個體指數大於100%的指標以100%計算，超額部分不計。按照這個原則計算的三個地區綜合經濟效益指數如表8-8所示。

表 8-8　　　　　　　　綜合經濟效益指數計算表（修正法）

	甲地區		乙地區		丙地區	
	指數(％)	得分	指數(％)	得分	指數(％)	得分
社會總成本增加值率	100	30	100	30	100	30
社會總成本利稅率	100	25	100	25	100	25
社會勞動生產率	100	25	100	25	90.00	22.5
商品流通費用率	93.75	4.69	83.33	4.17	100	5
技術進步經濟效益指標	100	15	100	15	100	15
綜合經濟效益指數	——	99.69	——	99.17	——	97.50

但是，有些時候普通法與修正法計算的結果相反。

【例 8-3】現設有甲、乙兩個研究機構，其研究與開發能力有關指標的指數如表 8-9 的第（2）欄和第（5）欄，試用普通法和修正法對這兩個研究機構的研究與開發能力進行綜合評價。

解：根據公式（8.10），甲、乙兩個研究機構各指標的得分如表 8-9 第（3）欄和第（6）欄。

表 8-9　　　　　甲、乙兩研究機構研究與開發能力計算表　　　　　（％）

評價指標	權數	甲研究機構			乙研究機構		
		指數 k_i	普通法得分 k_iw_i	修正法得分 k_iw_i	指數 k_i	普通法得分 k_iw_i	修正法得分 k_iw_i
	(1)	(2)	(3)	(4)	(5)	(6)	(7)
科技人員占職工的比重（％）	10	106	10.6	10.0	103	10.3	10.0
課題完成率（％）	25	117	29.25	25.0	108	27.0	25.0
成果推廣率（％）	20	80	16.0	16.0	90	18.0	18.0
人均技術轉讓收入（萬元）	35	69	24.15	24.15	67	23.45	23.45
人均發表論文著作字數（萬字）	10	120	12.0	10.0	105	10.5	10.0
合計	100	—	92.0	85.15	—	89.25	86.45

計算表明，按普通法，甲研究機構研究與開發綜合能力好於乙研究機構，而按修正法，乙研究機構研究與開發綜合能力好於甲研究機構。

究竟採用什麼方法，視情況而定。一般情況下，用普通方法，如果出現過於不平衡狀況時，可以考慮採用修正方法。

三、改進功效系數法

改進功效系數法是依據多目標規劃原理，提出的一種綜合評價方法。該方法的基本步驟如下：

（1）根據研究目的確定每個評價指標的滿意值和不容許值。一般可以以第 i 個指標數值中的最差值或其中較差的 10％ 的數值的平均值為不容許值；第 i 個指標數值中

的最優值或其中較好的 10% 的數值的平均值為滿意值；

(2) 利用功效函數計算單項評價指標的得分。功效函數公式為：

$$d_i = \frac{x_i - x_i^s}{x_i^h - x_i^s} \times 40 + 60 \tag{8.11}$$

式中：d_i 為第 i 個指標的單項評價分，x_i 為第 i 個指標的實際發生值，x_i^h 為第 i 個指標的滿意值，x_i^s 為第 i 個指標的不容許值，40 和 60 為給定參數。

當 $x_i = x_i^s$，則 $d_i = 60$ 分，恰好及格；$x_i = x_i^h$，$d_i = 100$ 分；一般情況下有 $60 < d_i < 100$；若 x_i 比 x_i^s 落後，則 $d_i < 60$ 分，為不及格；若 x_i 比 x_i^h 先進，則 $d_i > 100$ 分，情況很好。

(3) 計算綜合評價分 D。

【例 8-4】設有甲乙兩企業經濟效益指標及其滿意值、不容許值和權數如表 8-10 第(1)(2)(3)(5)欄和第(7)欄所示，依功效系數法計算綜合評價分。

表 8-10　　　　　　　　甲、乙兩企業經濟效益計算表

指標	不允許值	滿意值	甲企業 實際值	甲企業 功效系數	乙企業 實際值	乙企業 功效系數	權數	功效系數×權數 甲企業	功效系數×權數 乙企業
	(1)	(2)	(3)	(4)	(5)	(6)	(7)	(8)	(9)
總成本增加值率	45	65	51	72	55	80	25	18	20
總成本利稅率	24	42	29	71.1	32	77.8	25	17.8	19.5
勞動生產率	1.5	3.1	2.1	75	2.2	77.5	15	11.3	11.6
中間投入率	45	12	16	95.2	14	97.6	15	14.3	14.6
銷售量率	20	75	62	90.6	67	94.2	20	18.1	18.8
綜合經濟效益	—	—					100	79.4	84.6

解：根據公式 (8.11)，甲、乙兩企業各個指標的功效系數如表 8-10 第 (4) 和第 (6) 欄所示，各個指標的得分如表 8-10 第 (8) 和第 (9) 欄所示。

計算結果表明，總的來講，甲、乙兩地區報告期的綜合得分均小於 100，即均未達到滿意水平，但綜合考察，乙地區的綜合功效系數分比甲地區高，乙地區的綜合經濟效益較甲地區好些。

以上各公式中，權數 w_i 也可取大於 0 的實數，如 1、2、3、4、5 等。其具體數值亦可依數學方法計算得到，但目前實踐中更多的是有關專家根據國家經濟政策或自身經驗判斷確定權數。

實際工作中，還可以採用主成分分析法、因子分析法、聚類分析法等現代統計分析方法進行綜合評價。具體作法可參閱多元統計分析著作。

本章小結

(1) 綜合評價的意義在於對現象總體進行比較和排序，具有非常廣泛的應用領域。

但是綜合評價也存在損失原有指標的信息和主觀性很強的局限，在應用時應該注意克服這些局限性。

（2）綜合評價的一般步驟是：確定綜合評價的目的，選擇指標體系，確定評價指標的同向化和同度量化方法，確定各個評價指標的權重，求綜合評價值，進行比較排序。

（3）評價指標同向化可以採用倒數法、最大定額法、對應指標轉換法等方法；評價指標的無量綱化可以採用打分法、比率法、標準化法等方法；常用主觀賦權方法有德爾菲法、指標兩兩比較法。

（4）實踐中運用較多的綜合評價方法有綜合計分法、排隊計分法、加權指數法、功效系數法等。

思考題與練習題

8-1　綜合評價有什麼意義和局限性？

8-2　如何確定綜合評價的指標體系？

8-3　為什麼無量綱化的方法都可以作為綜合評價的方法？

8-4　常用綜合評價方法有哪些？應用時應該注意什麼問題？

8-5　評價指標體系中，既有正指標也有逆指標，是否可以採用加權指數法進行評價？

8-6　根據下列資料，用適當的方法比較甲、乙兩地的綜合經濟效益。

指標	計量單位	對比標準值	實際值 甲地	實際值 乙地	權數（%）
社會勞動生產率	元/人	102,920	102,970	102,885	35
中間投入率	%	53	56	55.2	15
生產資金產出率	元/百元	26.4	28.4	24.7	30
技術進步效益	元/百元	6.8	6.2	7.0	20

8-7　用功效系數法評價甲、乙兩個企業的綜合經濟效益。

		資金利潤率（%）	勞動生產率（元/人）	成本費用利潤率（%）	增加值率（%）	流動資金週轉率（次/年）	產品銷售率（%）
權數（%）		25	12	18	16	14	15
滿意值		15	150,000	6.5	42	1.85	100
不容許值		5	125,000	0	28	1.0	80
實際值	甲企業	8.0	140,000	3.8	33	1.56	96
實際值	乙企業	9.1	133,000	4.6	38	1.5	98

8-8 用排隊計分法對各省、市、自治區的社會經濟狀況進行綜合評價。

地區	第三產業就業人員比重(％)	職工平均工資（元）	交通事故發生數（起）	居民消費水平（元）	財政收入（萬元）
北 京	66.7	29,674	5,836	12,405	7,444,874
天 津	40.6	21,754	5,485	8,765	2,461,800
河 北	24.0	12,925	15,095	3,858	4,078,273
山 西	30.8	12,943	17,206	3,451	2,563,634
內蒙古	30.6	13,324	9,889	4,233	1,967,589
遼 寧	38.4	14,921	12,985	5,561	5,296,405
吉 林	34.9	12,431	9,955	5,136	1,662,807
黑龍江	30.5	12,557	8,532	5,132	2,894,200
上 海	52.2	30,085	27,136	18,382	11,061,932
江 蘇	32.7	18,202	31,431	6,159	9,804,939
浙 江	33.4	23,506	50,039	6,844	8,059,479
安 徽	27.5	12,928	18,006	3,707	2,746,284
福 建	30.3	15,603	24,274	5,913	3,335,230
江 西	31.8	11,860	10,531	3,353	2,057,667
山 東	28.0	14,332	39,815	4,966	8,283,306
河 南	21.5	12,114	26,540	3,681	4,287,799
湖 北	37.1	11,855	13,584	4,684	3,104,464
湖 南	28.8	13,928	16,116	3,739	3,206,279
廣 東	35.2	22,116	68,423	7,286	14,185,056
廣 西	31.3	13,579	13,263	2,863	2,377,721
海 南	31.9	12,652	2,041	3,620	570,358
重 慶	32.3	14,357	11,109	3,596	2,006,241
四 川	29.6	14,063	28,484	3,643	3,857,848
貴 州	30.6	12,431	3,395	1,946	1,492,855
雲 南	19.6	14,581	11,421	2,966	2,633,618
西 藏	26.9	30,873	1,097	3,166	100,188
陝 西	31.5	13,024	13,348	2,893	2,149,586
甘 肅	27.7	13,623	6,361	2,460	1,041,600
青 海	32.3	17,229	1,212	3,183	269,960
寧 夏	28.7	14,620	4,216	3,405	374,677
新 疆	32.6	14,484	8,364	3,377	1,557,040

以上五項指標的權數分別為：25％、20％、10％、25％和20％。

附錄

附表1　標準正態分佈函數值表

本表列出了標準正態分佈 $N(0,1)$ 的分佈函數

$$\Phi(x) = \int_{-\infty}^{x} \frac{1}{\sqrt{2\pi}} e^{-\frac{t^2}{2}} dt$$

的值。

x	0.00	0.01	0.02	0.03	0.04	0.05	0.06	0.07	0.08	0.09
0.0	0.5000	0.5040	0.5080	0.5120	0.5160	0.5199	0.5239	0.5279	0.5319	0.5359
0.1	0.5398	0.5438	0.5478	0.5517	0.5557	0.5596	0.5636	0.5675	0.5714	0.5753
0.2	0.5793	0.5832	0.5871	0.5910	0.5948	0.5987	0.6026	0.6064	0.6103	0.6141
0.3	0.6179	0.6217	0.6255	0.6293	0.6331	0.6368	0.6406	0.6443	0.6480	0.6517
0.4	0.6554	0.6591	0.6628	0.6664	0.6700	0.6736	0.6772	0.6808	0.6844	0.6879
0.5	0.6915	0.6950	0.6985	0.7019	0.7054	0.7088	0.7123	0.7157	0.7190	0.7224
0.6	0.7257	0.7291	0.7324	0.7357	0.7389	0.7422	0.7454	0.7486	0.7517	0.7549
0.7	0.7580	0.7611	0.7642	0.7673	0.7704	0.7734	0.7764	0.7794	0.7823	0.7852
0.8	0.7881	0.7910	0.7939	0.7967	0.7995	0.8023	0.8051	0.8078	0.8106	0.8133
0.9	0.8159	0.8186	0.8212	0.8238	0.8264	0.8289	0.8315	0.8340	0.8365	0.8389
1.0	0.8413	0.8438	0.8461	0.8485	0.8508	0.8531	0.8554	0.8577	0.8599	0.8621
1.1	0.8643	0.8665	0.8686	0.8708	0.8729	0.8749	0.8770	0.8790	0.8810	0.8830
1.2	0.8849	0.8869	0.8888	0.8907	0.8925	0.8944	0.8962	0.8980	0.8997	0.9015
1.3	0.9032	0.9049	0.9066	0.9082	0.9099	0.9115	0.9131	0.9147	0.9162	0.9177
1.4	0.9192	0.9207	0.9222	0.9236	0.9251	0.9265	0.9279	0.9292	0.9306	0.9319

附表1(續)

x	0.00	0.01	0.02	0.03	0.04	0.05	0.06	0.07	0.08	0.09
1.5	0.9332	0.9345	0.9357	0.9370	0.9382	0.9394	0.9406	0.9418	0.9429	0.9441
1.6	0.9452	0.9463	0.9474	0.9484	0.9495	0.9505	0.9515	0.9529	0.9535	0.9545
1.7	0.9554	0.9564	0.9573	0.9582	0.9591	0.9599	0.9608	0.9616	0.9625	0.9633
1.8	0.9641	0.9649	0.9656	0.9664	0.9671	0.9678	0.9686	0.9693	0.9699	0.9703
1.9	0.9713	0.9719	0.9726	0.9732	0.9738	0.9744	0.9750	0.9756	0.9761	0.9767
2.0	0.9772	0.9778	0.9783	0.9788	0.9793	0.9798	0.9803	0.9808	0.9812	0.9817
2.1	0.9821	0.9826	0.9830	0.9834	0.9838	0.9842	0.9846	0.9850	0.9854	0.9857
2.2	0.9861	0.9864	0.9868	0.9871	0.9875	0.9878	0.9881	0.9884	0.9887	0.9890
2.3	0.9893	0.9896	0.9898	0.9901	0.9904	0.9906	0.9909	0.9911	0.9913	0.9916
2.4	0.9918	0.9920	0.9922	0.9925	0.9927	0.9929	0.9931	0.9932	0.9934	0.9936
2.5	0.9938	0.9940	0.9941	0.9943	0.9945	0.9946	0.9948	0.9949	0.9951	0.9952
2.6	0.9953	0.9955	0.9956	0.9957	0.9959	0.9960	0.9961	0.9962	0.9963	0.9964
2.7	0.9965	0.9966	0.9967	0.9968	0.9969	0.9970	0.9971	0.9972	0.9973	0.9974
2.8	0.9974	0.9975	0.9976	0.9977	0.9977	0.9978	0.9979	0.9979	0.9980	0.9981
2.9	0.9981	0.9982	0.9982	0.9983	0.9984	0.9984	0.9985	0.9985	0.9986	0.9986
3.0	0.9987	0.9987	0.9987	0.9988	0.9988	0.9989	0.9989	0.9989	0.9990	0.9990
3.1	0.9990	0.9991	0.9991	0.9991	0.9992	0.9992	0.9992	0.9992	0.9993	0.9993
3.2	0.9993	0.9993	0.9994	0.9994	0.9994	0.9994	0.9994	0.9995	0.9995	0.9995
3.3	0.9995	0.9995	0.9995	0.9996	0.9996	0.9996	0.9996	0.9996	0.9996	0.9997
3.4	0.9997	0.9997	0.9997	0.9997	0.9997	0.9997	0.9997	0.9997	0.9997	0.9998

附表 2 t 分佈上側分位數表

本表列出了 $t(n)$ 分佈的上側 α 分位數 $t_\alpha(n)$，它滿足

$$P(t(n) > t_\alpha(n)) = \alpha$$

n	α = 0.25	0.10	0.05	0.025	0.01	0.005
1	1.0000	3.0777	6.3138	12.7062	31.8207	63.6574
2	0.8165	1.8856	2.9200	4.3027	6.9646	9.9248
3	0.7649	1.6377	2.3534	3.1824	4.5407	5.8409
4	0.7407	1.5332	2.1318	2.7764	3.7469	4.6041
5	0.7267	1.4759	2.0150	2.5706	3.3649	4.0322
6	0.7176	1.4398	1.9432	2.4469	3.1427	3.7074
7	0.7111	1.4149	1.8946	2.3646	2.9980	3.4995
8	0.7064	1.3968	1.8595	2.3060	2.8965	3.3665
9	0.7027	1.3830	1.8331	2.2622	2.8214	3.2498
10	0.6998	1.3722	1.8125	2.2281	2.7638	3.1693
11	0.6974	1.3634	1.7959	2.2010	2.7181	3.1058
12	0.6955	1.3562	1.7823	2.1788	2.6810	3.0545
13	0.6938	1.3502	1.7709	2.1604	2.6503	3.0123
14	0.6924	1.3450	1.7613	2.1448	2.6245	2.9768
15	0.6912	1.3406	1.7531	2.1315	2.6025	2.9467
16	0.6901	1.3368	1.7459	2.1199	2.5835	2.9208
17	0.6892	1.3334	1.7396	2.1098	2.5669	2.8982
18	0.6884	1.3304	1.7341	2.1009	2.5524	2.8784
19	0.6876	1.3277	1.7291	2.0930	2.5395	2.8609
20	0.6870	1.3253	1.7247	2.0860	2.5280	2.8453
21	0.6864	1.3232	1.7207	2.0796	2.5177	2.8314
22	0.6858	1.3212	1.7171	2.0739	2.5083	2.8188
23	0.6853	1.3195	1.7139	2.0687	2.4999	2.8073
24	0.6848	1.3178	1.7109	2.0639	2.4922	2.7969
25	0.6844	1.3163	1.7081	2.0595	2.4851	2.7874
26	0.6840	1.3150	1.7056	2.0555	2.4786	2.7787
27	0.6837	1.3137	1.7033	2.0518	2.4727	2.7707
28	0.6834	1.3125	1.7011	2.0484	2.4671	2.7633

附表2(續)

n	α = 0.25	0.10	0.05	0.025	0.01	0.005
29	0.6830	1.3113	1.6991	2.0452	2.4620	2.7564
30	0.6828	1.3104	1.6973	2.0423	2.4573	2.7500
31	0.6825	1.3095	1.6955	2.0395	2.4528	2.7440
32	0.6822	1.3086	1.6939	2.0369	2.4487	2.7385
33	0.6820	1.3077	1.6924	2.0345	2.4448	2.7333
34	0.6818	1.3070	1.6909	2.0322	2.4411	2.7284
35	0.6816	1.3062	1.6896	2.0301	2.4377	2.7238
36	0.6814	1.3055	1.6883	2.0281	2.4345	2.7195
37	0.6812	1.3049	1.6871	2.0262	2.4314	2.7154
38	0.6810	1.3042	1.6860	2.0244	2.4286	2.7116
39	0.6808	1.3036	1.6849	2.0227	2.4258	2.7079
40	0.6807	1.3031	1.6839	2.0211	2.4233	2.7045
41	0.6805	1.3025	1.6829	2.0195	2.4208	2.7012
42	0.6804	1.3020	1.6820	2.0181	2.4185	2.6981
43	0.6802	1.3016	1.6811	2.0167	2.4163	2.6951
44	0.6801	1.3011	1.6802	2.0154	2.4141	2.6923
45	0.6800	1.3006	1.6794	2.0141	2.4121	2.6896

國家圖書館出版品預行編目(CIP)資料

統計學概論 / 向蓉美，王青華，周勇 主編. -- 第二版.
-- 臺北市：崧博出版：財經錢線文化發行, 2018.10

面； 公分

ISBN 978-957-735-621-5(平裝)

1. 統計學

510　107017341

書　名：統計學概論
作　者：向蓉美、王青華、周勇 主編
發行人：黃振庭
出版者：崧博出版事業有限公司
發行者：財經錢線文化事業有限公司
E-mail：sonbookservice@gmail.com
粉絲頁　　　　　　網　址：
地　址：台北市中正區延平南路六十一號五樓一室
8F.-815, No.61, Sec. 1, Chongqing S. Rd., Zhongzheng Dist., Taipei City 100, Taiwan (R.O.C.)
電　話：(02)2370-3310　傳　真：(02) 2370-3210
總經銷：紅螞蟻圖書有限公司
地　址：台北市內湖區舊宗路二段 121 巷 19 號
電　話：02-2795-3656　傳真：02-2795-4100　網址：
印　刷：京峯彩色印刷有限公司（京峰數位）

　　本書版權為西南財經大學出版社所有授權崧博出版事業有限公司獨家發行電子書及繁體書繁體版。若有其他相關權利及授權需求請與本公司聯繫。

定價：300元
發行日期：2018 年 10 月第二版
◎ 本書以POD印製發行